黃俊映、SIWON SCHOOL 語學研究所 —— 著

IELTS VOCA
雅思高頻字彙 2000

QR Code 英國眞人發音

首創分科單字 聰明優化學習

準備雅思測驗時，必須將閱讀與聽力、寫作與口說分科學習。因為閱讀與聽力是以正確理解英文試題內容為目標，而寫作與口說則是要能將自己的想法，準確地用英語表達出來的科目。因此根據科目不同，所需單字與學習策略有所不同。

若想在閱讀、聽力科目取得高分，必須優先學習雅思官方真題中的高頻率單字。至於寫作與口說，則必須集中學習難度達到雅思評分 Band 6.5 以上，結合考題領域的高頻單字，最重要的是使用這些單字來造句。

《IELTS VOCA 高頻字彙 2000》累積 2001 年至今的雅思測驗考古題，精算統計最新出題趨勢，首創聽力閱讀（LR）、口說寫作（SW）雙科單字，分類排序雅思必考高頻率單字，制定 30 天單字學習計畫，深入分析各式雅思字彙出題重點，認識字源（etymology）、派生詞（字根、字首、字尾），增強考生單字記憶。《聽力閱讀》著重單字近義詞、搭配詞（collocations）、釋義改述（paraphrase），透過單字聯想，考生有效快速作答案。《口說寫作》提供書寫體、口語體的單字雙例句、高分表達搭配詞，考生能實際運用於雅思寫作與口說。每回複習單元——戰勝 IELTS 寫作 Task 2，由該單元 20 個學習單字構成，具體提供考生單字的段落寫作範例。針對雅思 7.0 以上為目標的考生，每單元也提供 IELTS 7+ 高分進階單字。為了讓考生熟悉雅思英式英語，全書以英式英語寫成，補充英式 vs. 美式發音比較，並附 QR Code 連結專業英國配音員線上音檔。《IELTS VOCA 高頻字彙 2000》專為「優化學習」量身打造，可說是市售最完善之雅思單字大全。

EZ TALK 在此透過《IELTS VOCA 高頻字彙 2000》，祝福所有雅思考生聽、說、讀、寫各科單字大滿貫，成功達到目標分數，實現海外求學、職涯的夢想。

正是我尋找的 IELTS 單字書

蕭志億（派老師）

字神帝國雅思名師、《New TOEIC 新制多益文法滿分關鍵》作者

　　針對雅思閱讀，我有一套獨家強大的閱讀技巧，學生不須重複閱讀文章，也能精準解題。另一方面，本人自創的「大綱式雅思寫作」，讓學生具體擬定題目，完成四段寫作架構。即使學生會學會了我的閱讀與寫作技巧，但仍因為看不懂單字而前功盡棄，他們仍須**具備雅思 6.5 級分以上的字彙量**，才能有效掌握兩者技巧，因此選擇一本合適的雅思單字書至關重要。

　　我常和學生説，如果去購買 A~Z 的單字書，倒不如直接買字典，學單字不是只有表面意思，字典裡有許多例句等用法，能正確且精準地使用單字。但字典厚厚一大本，內容過於「豐富」對許多有時間壓力的考生來説，猶如大海撈針。**EZ TALK 出版的《IELTS VOCA 高頻字彙 2000》彷彿聽到我的心聲了！這本書不僅可幫助考生有效率地增加字彙量，更能全方位提升雅思聽、説、讀寫各科能力，我認為他有以下三大優點：**

1. 分類單字

　　依照雅思常見的文章類型將單字分門別類，例如科技、教育、環境氣候……等共 20 大主題，學生在情境中記憶詞彙，讓原本沒有關聯性的單字，連結起來變成完整如圖像一般的情境。以此方式學習單字，不僅不容易忘記，更重要是在寫作遇到相同類型的題目時，才能有效快速地想起這些曾經學過的單字。

2. 詞語搭配（collocations）

　　很多同學背單字的時候都是一個一個乖乖的背，但是遇到真正要應用的時候就會隨便組合，因為學生們不知道什麼是詞語搭配，也不知道它的重要性。例如：

(1) _____ an illness　　　　**罹患**疾病
(2) _____ a penalty　　　　**施加**處罰
(3) _____ children's creativity　　**扼殺**小孩的創意

　　如果當初背單字的時候不懂詞語搭配的話，看到上面這些題目的時候，可能會想到 get an illness, add a penalty, kill children's creativity，但是這些都是錯誤的答案，實際上正確且道地的用法如下：

(1) **contract** an illness　　　　**罹患**疾病
(2) **impose** a penalty　　　　**施加**處罰
(3) **stifle** children's creativity　　**扼殺**小孩的創意

3. 結合寫作

　　這本書最特別、也是最讓我驚豔的地方在於**它結合了單字與寫作**，每一日單元最後都會附上一篇寫作段落，正是由該單元的所有單字構成。這根本就是為了我而設計的一本單字書！因為它幫助解決了許多同學，在寫作時會遇到不知該如何精準使用單字的問題，學習這本書的單字寫作段落，就能實際應戰於雅思寫作中。

　　提醒各位讀者／烤鴨（考生）們，搭配這本書所安排的讀書計畫，從 Day 1 ~ Day 20，一天一個單元，20 天之後再繼續重複這樣的循環，相信你很快就可以戰勝雅思，順利出國圓夢想。最後，老師送你們一句話：

A unit a day, keep the IELTS away.

音檔
使用說明

★掃描各頁音檔前，
請先參考本頁說明。

Step-1

掃描書中 QRCode

Step-2

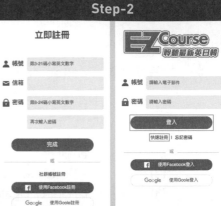

立即註冊

👤 帳號　限3-21碼小寫英文數字
✉️ 信箱
🔒 密碼　限8-24碼小寫英文數字
　　　　再次輸入密碼

完成

或
社群帳號註冊

f　　使用Facebook註冊
Google　使用Goole註冊

EZCourse
聆聽最新英日韓

👤 帳號　請輸入電子郵件
🔒 密碼　請輸入密碼

登入

快速註冊｜忘記密碼

或

f　　使用Facebook登入
Google　使用Goole登入

快速註冊或登入 EZCourse

Step-3

請回答以下問題完成訂閱

一、請問本書第65頁，紅色框線中的英文＿＿＿是什麼？

二、請問本書第33頁，紅色框線中的英文＿＿＿是什麼？

答案　請注意大小寫

送出

回答問題按送出

答案就在書中（需注意空格與大小寫）。

Step-4

TOEFL iBT 新制托福聽力高分指南

完成訂閱

該書右側會顯示「**已訂閱**」，
表示已成功訂閱，
即可點選播放本書音檔。

Step-5

帳號設定

< 個人檔案 >

EZCourse

點選個人檔案

查看「**我的訂閱紀錄**」
會顯示已訂閱本書，
點選封面可到本書線上聆聽。

CONTENTS Speaking & Writing

1 精確分析最新出題方向！

建立 IELTS 考古題
大數據題庫 ➡ 選出解答相關單字

根據早期 2001 年到近年度的 IELTS 歷屆試題，建立約 20 年的考古題
大數據題庫，選出 IELTS 高頻率單字以及解題線索單字，匯集而成這
本能實際提升考試成績的單字學習書。

2 完全公開與解析相關的出題重點！

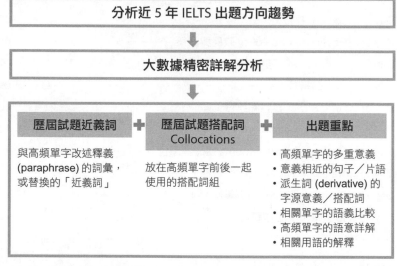

分析近 5 年 IELTS 出題方向趨勢

⬇

大數據精密詳解分析

⬇

歷屆試題近義詞	➕	歷屆試題搭配詞 Collocations	➕	出題重點
與高頻單字改述釋義 (paraphrase) 的詞彙，或替換的「近義詞」		放在高頻單字前後一起使用的搭配詞組		• 高頻單字的多重意義 • 意義相近的句子／片語 • 派生詞 (derivative) 的字源意義／搭配詞 • 相關單字的語義比較 • 高頻單字的語意詳解 • 相關用語的解釋

IELTS 注重靈活的閱讀能力。除了正確掌握單字意思之外，也必須能
夠快速地聯想到衍伸單字與改述釋義 (paraphrase)，才能找到正確解
答。攻讀《IELTS VOCA 雅思高頻字彙 2000》，便能訓練解題時必備
的字彙聯想能力。

3 附加說明讓單字學習更有效率

字源資訊 (Etymology)	**認識語源學習更輕鬆** **vivid** 來自拉丁文（vivo 生活、活），從「**活著**」的基本意義擴大為「**生動的、鮮明的**」等意思。
英式 vs. 美式 英語比較	**英式 vs. 美式** 北美稱公寓大廈為 **apartment**，但在英國一般稱為 **flat**，這是因為建築物上方呈現平整的樣貌，沒有尖斜的屋頂。

本書收錄單字的語源説明，讓背單字變得更容易。認識語源讓學習更輕鬆，只要依照單字拼法（字首、字根、字尾），就能想起單字的意思，讓字彙學習更加輕鬆。此外，英式 vs. 美式比較兩國拼字、發音與字彙用法，讓讀者高分戰勝雅思英式英語。

4 Speaking 和 Writing 專用雙例句與寫作段落

SW 冊每日高頻單字提供：道地「口説」、正式「寫作」並結合雅思考題 20 大領域主題的雙例句，更將每個單字寫成 IELTS 寫作 Task 2 段落，讓讀者全方位高分表達，立即實戰運用所學單字。

5 嚴選 Basic Vocabulary 200

187 ☐	**candidate**	(n.) 候選人 (n.) 考生、應試者
188 ☐	**survive**	(v.) 存活、生存
189 ☐	**debate**	(v.) 辯論 (n.) 辯論

Basic Vocabulary 嚴選 IELTS 出題率八成以上的最重要基礎單字。想在 IELTS 拿高分，一定要「正確」了解這些重要單字的字義。英語入門學習者可根據單字表一併學習單字及其搭配詞組；中級學習者則可利用單字表前方的勾選欄，將不認識的單字勾選出來，做選擇性的學習即可。

Step 1 單字學習

中文語意
IELTS 高頻率關鍵單字中文意義

重要度
★★★ 活用度：最高
★★ 活用度：高
★ 活用度：中

例句
考生必備雅思寫作與口說的
高分表達例句
✎ Writing 寫作專用例句
💬 Speaking 口說專用例句

歷屆試題單字
IELTS 考古題高頻字彙

★★★

(n.) 潛力

potential
[pə`tɛnʃəl]

✎ There is no doubt that young people have a great deal of **potential**. However, due to a variety of modern distractions, this is frequently wasted.
年輕人無庸置疑具有強大潛力。然而因為現代多樣化娛樂，他們的潛力經常被浪費了。

💬 I didn't realise I had the **potential** to be successful through my hobbies until I became a teenager.
直到成為青少年以前，我不知道自己擁有以興趣獲得巨大成功的潛力。

高分表達！ Collocations

reach one's full potential 發揮某人最大的潛力

多學點再走！

potential 是不可數名詞，因此沒有 a potential、many potentials 等用法。

高分表達！ Collocations
提高字彙評分標準分數的
搭配詞組

多學點再走！
與單字相關的寫作技巧、
反義字、近義字等資訊。

KK 音標

Step 2 單字複習

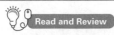

> **Read and Review**
>
> ### 戰勝 IELTS 寫作 Task 2 段落範例
>
> [1]Without a doubt, education is one of the biggest priorities for today's young **generation**. [2]On the one hand, there are some students who, without external **supervision** or **compulsory** deadlines, are able to excel in most areas of the **curriculum**. [3]Yet, on the other hand, some students struggle to keep up with their **studious** peers because they are **demotivated** by the thought of **revision** and **stressed** with every **assignment**.
>
> [4]Of course, this is not simply about intelligent students versus **incompetent** students. [5]For example, factors such as family, finances or health can either **facilitate** or **stifle** students' abilities to achieve the **qualifications** that they need. [6]To stop underachieving students from **plagiarising** their classmates, or from failing to **concentrate**, perhaps more **discipline** is needed.

Read and Review

➡ Speaking & Writing 複習小站

戰勝 IELTS 寫作 Task2 段落範例由每日單字構成。閱讀範文若能掌握每個單字的意思,字彙學習便大功告成了!

Step 3 延伸字彙學習

Vocabulary Expansion

IELTS 7+ 高分進階單字

(004) 跟著音檔朗讀單字,學習完成在框中打 ✓

- ☐ **rote memorisation** 死記硬背
- ☐ **proper evaluations** 適當的評價
- ☐ **private tutoring** 私人家教
- ☐ **course material** 教材
- ☐ **tuition-fee** 學費
- ☐ **student loan debt** 就學貸款債務
- ☐ **study burnout** 學業倦怠、學習倦怠
- ☐ **standardised tests** 標準化測驗

IELTS 7+ 高分進階單字

➡ Speaking & Writing Vocabulary Expansion

除了每日高頻單字與搭配詞 (collocations),本書專為目標取得高分的學生整理 Band 7 以上的進階口説寫作詞彙,作為延伸學習。

Extra Steps

Basic Vocabulary 200（LR 本）

讀者如果是英語入門學習者，建議背單字的同時也要學習單字的搭配詞組，而中級學習者只要將不認識的關鍵單字在標記框做上記號，選擇性地學習即可。

187 ☐	**candidate**	(n.) 候選人
		(n.) 考生、應試者
188 ☐	**survive**	(v.) 存活、生存
189 ☐	**debate**	(v.) 辯論
		(n.) 辯論
190 ☐	**predict**	(v.) 預測
191 ☐	**represent**	(v.) 代表
		(v.) 象徵、作為～的意義
192 ☐	**unfortunately**	(adv.) 不幸地、遺憾地
193 ☐	**gain**	(v.) 得到、贏得
		(n.) 獲利、增加
194 ☐	**hire**	(v.) 租用
		• hire a bike 租腳踏車
		(v.) 僱用
195 ☐	**assume**	(v.) 假定、臆測
196 ☐	**capable**	(adj.) 有能力的

QR Code 英國真人發音

學習雅思單字時，搭配真人音檔覆誦朗讀效果最佳。QR Code 隨掃聽英國外師錄製的各 Day 單字、例句與搭配詞，流利說出道地英倫腔，背單字就是這麼 EZ！

➡ 驗證 QR Code

參考 P.006 步驟，完成訂閱 EZ Course，手機就是雙冊口袋有聲書！

I. 考前 30 天單字學習

Day 01	Day 02	Day 03	Day 04	Day 05
LR Day 1 SW Day 1	LR Day 2 SW Day 2	LR Day 3 SW Day 3	LR Day 4 SW Day 4	LR Day 5 SW Day 5
Day 06	**Day 07**	**Day 08**	**Day 09**	**Day 10**
LR Day 6 SW Day 6	LR Day 7 SW Day 7	LR Day 8 SW Day 8	LR Day 9 SW Day 9	LR Day 10 SW Day 10
Day 11	**Day 12**	**Day 13**	**Day 14**	**Day 15**
LR Day 11 SW Day 11	LR Day 12 SW Day 12	LR Day 13 SW Day 13	LR Day 14 SW Day 14	LR Day 15 SW Day 15
Day 16	**Day 17**	**Day 18**	**Day 19**	**Day 20**
LR Day 16 SW Day 16	LR Day 17 SW Day 17	LR Day 18 SW Day 18	LR Day 19 SW Day 19	LR Day 20 SW Day 20

II. 考前 10 天總複習

Day 21	Day 22	Day 23	Day 24	Day 25
LR Day 1~4	LR Day 5~8	LR Day 9~12	LR Day 13~16	LR Day 17~20
Day 26	**Day 27**	**Day 28**	**Day 29**	**Day 30**
SW Day 1~4	SW Day 5~8	SW Day 9~12	SW Day 13~16	SW Day 17~20

IELTS (International English Language Testing System) 是由澳洲國際文教中心 (International Development Program, IDP) 所屬機構 IELTS Australia、英國文化協會 (The British Council) 及英國劍橋大學英語考試院 (Cambridge English Language Assessment) 共同主辦，專為評鑑入學、移民、就業英語能力而設計的國際公認英語能力檢定考試。目前英國、澳洲、紐西蘭、美國、加拿大、歐盟、新加坡、香港等全球主要大學都以達到一定標準以上的 IELTS 分數作為入學資格。此外，英國、澳洲、紐西蘭、加拿大政府也將 IELTS 分數作為移民資格要求。

報考方式

IELTS 的報考費用、報名和進行方式在每個國家略有差異，正確的詳細資訊應在報名考試前於官方網站等處再次確認。以下內容是台灣一般 IELTS 考試的報考資訊。

官方報名處	英國文化協會、IDP 網站線上報名 https://tw.ieltsasia.org/ https://www.ieltstaiwan.org/
報名費	7,200 元
報考應備物品	護照（期限至成績單公布日為止皆有效之護照） 考試當日請務必攜帶護照
成績公布	考試後第 13 天
成績查詢	自成績公布日起 16 日期間可於官網線上查詢成績
領取成績單	郵寄發放（成績公布日寄送）、到場領取（成績公布日後 1 週期間）
成績複查	自考試日起 6 周內皆可申請成績複查，費用為 NT$4,100。提出申請後，需時 2-4 週的作業時間。

➡詳細內容請至官方網站查詢

IELTS 紙筆考試和 IELTS 電腦考試

電腦考試 Computer~delivered IELTS（CD IELTS）於 2018 年 9 月開始實施。以下是 IELTS 紙筆考試和電腦考試的不同，可以選擇對自己有利的考試方式。

	紙筆考試	電腦考試
報名費	7,200 元	7,200 元
作答方式	手寫	電腦輸入
成績公布	考試日後 13 天	考試日後 3 ～ 5 工作天
考試日程	每月 4 次	每月 50 次以上
口說測驗時間	隨機分配	事前可選擇

一般 IELTS 和 IELTS for UKVI

IELTS for UKVI 是英國簽證 Tier 1、Tier 2、Tier 4 核發條件要求的考試，自 2015 年起開始實施。UKVI 是 UK Visas and Immigration（英國內政部移民署）的縮寫。

有些學校接受一般 IELTS 和 IELTS for UKVI，但也有學校只接受 IELTS for UKVI 的成績，故務必事前確認自己目標學校的要求事項。

IELTS for UKVI 也有 Academic 和 General Training 的考試，考試科目、題目都和一般 IELTS 相同，只有考試費用的差別（IELTS for UKVI 報名費：7,820 元），考試場所只限於英國政府認定的少數地點進行。

測驗組別與評價方式

以留學為目的的考生應報考**學術組（Academic Module）**，而以移民、就業為目的的考生應報考**一般訓練組（General Training Module）**。

考試範圍	Academic Module 學術組（留學）	General Training Module 一般訓練組（移民／就業）
Listening 30 分鐘 40 題	針對對話或單人發言內容進行解答 Section 1：日常對話（2 人對話） Section 2：介紹與公告（以獨白為主） Section 3：研究課題（2～4 人的對話） Section 4：專業講座（獨白）	
Reading 60 分鐘 40 題	**3 篇文章／40 道題目** 新聞、報章雜誌、學術論文——醫學、心理學、自然科學、環境氣候、歷史人文、政治經濟、自然科學、電機工程等領域主題	**3 篇文章／40 道題目** 短篇廣告、日常公告（2 篇），職場書信、合約條款（2 篇），以及學術文章（1 篇）。
Writing 60 分鐘 2 份 Task	**Task 1** **– 150 字以上的分析寫作** 分析圖表或圖解 **Task 2 – 250 字以上短文寫作** 對特定主題進行具邏輯性的主張論述	**Task 1** **– 150 字以上的書信寫作** 要求提供資訊或說明情況
Speaking 11～14 分鐘	與主考官 1:1 對話方式 Part 1：自我介紹等輕鬆的破冰主題進行問答 Part 2：針對指定主題進行兩分鐘左右的論述 Part 3：與主考官針對 Part 2 主題進行討論	

評分標準

雅思測驗的成績是以級分（Band）為單位計算，範圍設定在 0～9 級，以 0.5 為最小級距。各級所代表的意義同下表。一般人的目標分數多設定在 5.5～7.0，但重要的是必須根據自己想申請的科系與學校所要求的分數來設定學習目標。

級分	等級	說明
9.0	Expert User 專家級用者	能完全掌握英語。能使用用詞恰當、準確且流暢的英語，並具備完美的理解力。
8.0	Very good user 優秀級用者	在不熟悉的狀況下，偶爾會使用不正確或不恰當的表達，但已能近乎完美地掌握英語。能應付複雜的辯論。
7.0	Good user 良好級用者	有時會出現使用不正確或不恰當表達的情況，但已能近乎完美地掌握英語。對於複雜的英語大致能運用自如，並能理解詳細的論說。
6.0	Competent user 普通級用者	雖然會出現使用不恰當或不正確的英語，以及理解錯誤的情況，但仍可有效用英語表達。在熟悉的環境中，能使用並理解較複雜的英語表達。
5.0	Modest user 中等程度級用者	雖然經常出錯，但在大部分的情況下能部分使用英文溝通，且可大致理解。在自己熟悉的領域可進行基本溝通。
4.0	Limited user 有限度用者	只在熟悉的環境中可進行基本溝通。在理解與表達方面經常遇到困難，難以運用複雜的英語溝通。
3.0	Extremely limited user 極有限度用者	只在極為熟悉的環境中，才可大概理解基本的意義。在進行溝通時經常遇到困難。
2.0	Intermittent 間歇用者	在英語口說與寫作方面有重大困難。
1.0	Non-user 非英語用者	除了極少數的單字外，基本上不具英語能力。
0	Did not attempt the test 未參加測驗	未參加測驗。

各科目評分標準

IELTS Listening 和 Reading 客觀上正確和錯誤的題數明確，可透過下方評分表預測自己的分數。雖然沒有直接考字彙的題目，為了回答 IELTS 的考題，**仍需具備精確、敏銳的單字辨識力。**

Listening 評分表

Band	正確題數	Band	正確題數
1	1	6	25~32
2	2~3	7	33~37
3	4~9	8	38~39
4	10~16	9	40
5	17~24		

Reading 評分表

Academic		General Training Reading	
Band	正確題數	Band	正確題數
1	1	1	1
2	2~3	2	2~4
3	4~9	3	5~11
4	10~15	4	12~17
5	16~22	5	28~25
6	23~28	6	26~34
7	29~35	7	35~37
8	36~39	8	38~39
9	40	9	40

Writing 和 Speaking 沒有評分表，取而代之的是各科目皆有 4 項評分標準，各 4 項標準評分範圍 1 ～ 9 分，總分是 4 個成績的平均值。換句話說，即使 IELTS 考試時在 Writing 方面順利完成指定題目，Speaking 也表現流利，如果使用的單字難度水準過低，也很難拿到高分。

Writing 評分標準

回答是否切題 Task Achievement (= Task Response)	▶ 完成題目全部的要求 ▶ 完整陳述自己的想法和立場，並明確回答問題
字句連貫及語意邏輯連貫 Coherence and Cohesion	▶ 自然地呈現文章的流暢度與張力 ▶ 熟練地建構文句段落，句子和段落之間的詞彙及主題都必須環環相扣，符合邏輯
詞彙使用量 Lexical Resource	▶ 以非常自然且簡潔的方式運用多樣的詞彙
句型多樣性與文法正確性 Grammatical range and accuracy	▶ 流暢並正確地使用多樣的句型

Speaking 評分標準

流利度與一致性 Fluency and coherence	▶ 在沒有重複、自我修正的情況下流利表達 ▶ 不因思索適合的單字或文法而猶豫、中斷 ▶ 使用最適當的連接詞使口說內容具一貫性 ▶ 完整且適當地展開話題
詞彙使用量 Lexical Resource	▶ 在所有話題中使用的字彙皆具備完整的流暢性和正確性 ▶ 自然並正確地使用慣用語
句型多樣性與文法正確性 Grammatical range and accuracy	▶ 自然並適當地使用多樣的句型 ▶ 使用具一貫性的正確句型
發音 Pronunciation	▶ 所有發音皆準確、清楚、細膩 ▶ 自始自終維持靈活的發音 ▶ 容易理解

Memo

Technology
科技

✓ 勾選出認識的單字，寫上中文意思。

- ☐ explore
- ☐ portable
- ☐ gadget
- ☐ instantaneously
- ☐ application
- ☐ astronaut
- ☐ invention
- ☐ innovation
- ☐ labour-saving
- ☐ sophisticated

- ☐ automation
- ☐ advance
- ☐ revolutionise
- ☐ efficient
- ☐ radically
- ☐ user-friendly
- ☐ obsolete
- ☐ addiction
- ☐ obsession
- ☐ console

★★★	(v.) 探險

explore
[ɪk`splor]

🖊 GPS was first researched and developed in order to help **explore** space, and it is now used by millions of people every day.

GPS 最早是為了協助太空探險而研究開發的，現在則是每天都有數百萬人在使用。

💬 I think **exploring** space is a waste of money and valuable resources.

我認為太空探險是浪費金錢與珍貴資源的事情。

★★★	(adj.) 便於攜帶的、可攜式的

portable
[`portəbəl]

🖊 **Portable** devices such as tablets and e-readers have in fact actively encouraged children to read.

像平板電腦和電子書閱讀器這類可攜式裝置，事實上已經在積極鼓勵兒童閱讀。

💬 I bought a laptop because I like the fact that it's **portable**.

我因為看上便於攜帶這點，買了一台筆記型電腦。

★	(n.) 小工具、裝置

gadget
[`gædʒɪt]

🖊 The excessive use of electronic **gadgets** such as tablets and smartphones may have a negative impact on literacy levels in children and teenagers.

過度使用平板電腦、智慧型手機等電子裝置，可能會對兒童和青少年的讀寫能力造成負面影響。

💬 Often, adverts manipulate people into thinking they need to buy new clothes or electronic **gadgets**.

廣告經常操控人們，讓他們認為自己需要購買新衣或電子產品。

高分表達！ Collocations

electronic gadgets 電子裝置
kitchen gadgets 廚房器具
a gadget for doing something 用來～的機器

| ★★ | (adv.) 即刻地、立刻地 |

instantaneously
[ˌɪnstənˈtɛnɪəslɪ]

✍ If people want to check the symptoms of an illness, they can do so **instantaneously** by using the Internet.
若想檢查症狀，只要利用網路就能即時確認。

💬 One thing I love about the Internet is that, **instantaneously**, with a click of button, I can buy clothes online or have food delivered to my house.
網路的一大好處是只要按一下按鍵，就能立刻在線上購買衣服，或是讓點餐送到家裡來。

> **多學點再走！**
>
> instantaneously（即刻）的意思就是
> without any delay（不耽擱、不拖延）。

| ★★★ | (n.) 應用、適用 |

application
[ˌæpləˈkeʃən]

✍ The technology used in exploring space has useful **applications**.
用於太空探索的技術被有效地應用。

💬 I'd definitely say that modern inventions are really useful, since they have so many different **applications** and uses.
我認為現代發明真的很有用，因為它們有非常多樣化的應用及使用方式。

| ★ | (n.) 太空人 |

astronaut
[ˈæstrəˌnɔt]

✍ Many children have a dream to become an **astronaut** when they grow up.
許多孩子都懷抱著長大要當太空人的夢想。

💬 If you ask most kids what they want to be when they grow up, they would probably say footballer, rock star or **astronaut**.
如果問孩子們長大後想做什麼，他們可能都會回答足球選手、歌手，或是太空人。

| ★★ | (n.) 發明；發明物 |

invention
[ɪnˋvɛnʃən]

✍ The **invention** of the Internet has had a profound and far-reaching impact on society.
網路的發明對社會造成深遠且廣泛的影響。

💬 I'd say that the smartphone is probably the most important **invention** in today's world.
我認為智慧型手機可以說是現代社會最重要的發明。

| ★★ | (n.) 革新、創新 |

innovation
[ˏɪnəˋveʃən]

✍ Recent **innovations** such as smartphones have made life easier and more convenient.
智慧型手機等近代的創新，讓生活變得更輕鬆便利。

💬 Self-driving cars are such an **innovation**, but they'll put taxi drivers out of a job if they catch on.
自動駕駛汽車雖然是一大革新，但若持續發展，可能會導致計程車司機失業。

高分表達！Collocations

technological innovation 科技創新

| ★★★ | (adj.) 節省勞力的 |

labour-saving
[ˋlebɚˏsevɪŋ]

✍ A prominent benefit of advancement in artificial intelligence is the **labour-saving** effect in our society.
人工智能的發達，最大的優點是對社會帶來節省勞力的效果。

💬 In my opinion, the **labour-saving** effect of 3D printing is massive – companies hire fewer people, and people have less work on their hands.
我認為 3D 列印機帶來的節省勞力效果很驚人。企業僱用較少的員工，人們的工作量也減少了。

| ★★★ | (adj.) 精密的、複雜的 |

sophisticated
[səˋfɪstɪˌketɪd]

✍ Progress in science and engineering is leading to the creation of some of the most **sophisticated** technology that history has ever seen.

科學與工程設計的進步發展，促成有史以來最為精密的技術開發。

💬 Although it might still seem **sophisticated** to some people, the radio isn't very hi-tech at all compared to some gadgets we use today.

對某些人而言，收音機可能仍然算是精密技術，但跟我們今日所使用的機器相比，一點都不算高科技。

| ★★★ | (n.) 自動化 |

automation
[ˌɔtəˋmeʃən]

✍ While **automation** can streamline a production process, it may also have a long-term impact by creating widespread unemployment.

自動化雖然能簡化生產流程，但長期下來也可能造成失業率上升。

💬 I think **automation** is really bad news for any job that involves manual labour.

我認為自動化對於需要體力勞動的工作來說，是相當不利的消息。

| ★★ | (n.) 發展、進步　(v.) 進步、促進發展 |

advance
[ədˋvæns]

✍ The 21st century has seen humankind **advance** in great strides in terms of technology.

進入二十一世紀，人類在技術領域有了長足進步。

💬 Technology has had an amazing impact on our lives, in my opinion. Think about how far we've **advanced** in medicine in the past 200 years.

就我看來，技術對我們的生活帶來極大的影響。請想想過去 200 年以來，醫學有了多大的發展。

高分表達！ Collocations

advance considerably 很大進步

| ★★ | (v.) 引發革新、徹底改變 |

revolutionise
[rɛvəˈluʃənaɪz]

✎ Global video chat services such as Skype have **revolutionised** education.

像 Skype 這樣的全球視訊通話服務引發了教育革新。

🗩 Technology, as far as I can see, has completely **revolutionised** the way that people interact with one another.

在我看來，科技徹底改變了人與人之間的交流方式。

| ★★★ | (adj.) 有效率的 |

efficient
[ɪˈfɪʃənt]

✎ During the 1960s, domestic appliances were seen as an **efficient** means through which women could complete household chores.

在 1960 年代，家用電器被視為能幫助女性完成家事的有效工具。

🗩 Considering you used to have to do it with a pen and paper, computers have made composing messages so **efficient**–I type way faster than I write!

回想以前用紙筆寫字的時代，電腦讓傳訊息更有效率。我打字比寫字快很多。

高分表達！Collocations

highly efficient 高效率的
an efficient means 有效途徑
fuel efficient 高效使用燃料的

| ★★★ | (adv.) 徹底地、急劇地 |

radically
[ˈrædɪkəlɪ]

✎ During the past five or so years, dating has been **radically** altered due to the rise of smartphones and online dating.

過去五年多來，隨著智慧型手機與線上交友的發展，人們約會的方式徹底改變。

🗩 I do think computers have **radically** changed education.

我認為電腦的確徹底地改變了教育。

★★★	(adj.) 使用者友善的、易使用的

user-friendly
[ˌjuzɚˋfrɛndlɪ]

✎ Today, computers are far more **user-friendly**, and they are used by the vast majority of people.
時至今日，電腦更易於使用，且大多數人都在用。

💬 My computer has a **user-friendly** keyboard and high-definition screen, so I use it for watching films and playing games.
我的電腦有易使用的鍵盤和高解析度螢幕，因此我會用它來看電影和玩遊戲。

★★	(adj.) 淘汰的、過時的

obsolete
[ˋɑbsəˌlit]

✎ Typewriters are a clear example of a technology that has now become entirely **obsolete** due to the popularisation of laptops and personal computers.
因筆記型電腦和個人電腦的普及而遭到淘汰的技術，打字機就是個明顯的例子。

💬 Some people reckon vinyl records are boring and **obsolete**, but I still like them more than CDs and digital music.
有些人認為黑膠唱片無聊且過時，但我仍然喜歡黑膠唱片甚於 CD 和數位音樂。

★★★	(n.) 成癮

addiction
[əˋdɪkʃən]

✎ The majority of students spend countless hours a week using digital technology, to such an extent that it may be classed as an **addiction**.
大部分學生一周花無數小時使用數位科技產品，已經到了可以歸為成癮的地步。

💬 Some people blame laziness in kids on video games, saying they have an **addiction**, but from my point of view, it's always way more complicated than that.
有些人將孩子們的怠惰歸咎於電玩，並稱之為遊戲成癮，但在我看來，其背後通常存在更加複雜的問題。

obsession
[əb`sɛʃən]

(n.) 著迷、執著

✎ Many teenagers report having a fear of missing out, or FOMO*, due to their **obsession** with browsing social media.

許多青少年表示自己因為對社群媒體的著迷，對遺漏最新動態感到不安。

💬 It's not healthy to have an **obsession** with social media all the time because you can experience FOMO* when focusing on what other people do in their lives.

隨時執著於社群媒體是不健康的，因為當你只顧著專注於別人做了什麼的時候，可能會害怕錯過最新動態，而產生恐慌情緒。

* Fear of Missing Out (FOMO) 錯失恐懼症，指害怕錯過社群媒體動態而產生的恐慌情緒。

高分表達！Collocations

an unhealthy obsession 不正常的執著

★

console
[`kɑnsol]

(n.) 控制臺、遊戲機

✎ It has recently been concluded that teenagers who regularly use games **consoles** have far better problem-solving skills compared to those who do not own a console.

最近得出的結論是，比起沒有遊戲機的孩子，經常使用遊戲機的青少年擁有更好的問題解決能力。

💬 I grew up playing games all the time on my **console**, so it'd be weird to imagine living without it.

我從小就常玩遊戲機，無法想像沒有它的生活。

Read and Review

戰勝 IELTS 寫作 Task 2 段落範例

¹In recent history, **innovation** in technology has **revolutionised** the way we live. ²For example, compact discs, or CDs, are practically **obsolete** now, as they are far more cumbersome and far less **sophisticated** than their digital counterparts, which are more **efficient**. ³Many people now use **gadgets** such as smartphones to listen to music, as they are more **portable** and **user-friendly** than CD players. ⁴**Inventions** such as laptops, robots, or the Internet, then, have **radically advanced** human civilisation. ⁵They have allowed **astronauts** to **explore** the cosmos. ⁶**Automation** has had a **labour-saving** impact in industry. ⁷However, there is, at times, a darker side to our **obsession** with technology. ⁸In fact, **addiction** to phones or games consoles is rife, especially among younger people. ⁹Perhaps this is because smartphones andthe Internet can **instantaneously** fulfil users' desires. ¹⁰In short, it is crucial to be responsible with the **application** of technology in our lives.

解答

¹ 在近代史中，科技的**創新徹底改變**了我們的生活方式。² 舉例來說，現在 CD 其實已經**過時**了，這是因為比起更**有效率的**數位光碟，CD 比較累贅、麻煩，而且又不如數位光碟**精密**。³ 最近有許多人利用智慧型手機等**裝置**來聽音樂，這是因為它比起 CD 播放器更**便於攜帶**，而且也更**容易使用**。⁴ 筆記型電腦、機器人、網路等**發明**，已經從**徹底地促進**人類文明的**進步**。⁵ 這些發明讓**太空人**能前往宇宙**探險**。⁶ **自動化**也為產業帶來**節省勞力**的效果。⁷ 然而，我們對技術的**執著**有時也存在黑暗的一面。⁸ 事實上，對智慧手機和**遊戲機**的**成癮**很普遍，尤其在年輕人之間。⁹ 這或許是因為智慧型手機和網路能**即時**滿足使用者需求的緣故。¹⁰ 簡而言之，當我們將科技**應用**在生活中時，必須更具有責任感才行。

IELTS 7+ 高分進階單字

🎧 002 **跟著音檔朗讀單字，學習完成在框中打 ✓**

☐ **glitch**（通常是暫時性的）小問題、突發性的機械失靈

☐ **distance learning** 遠距教學

☐ **a competitive advantage** 競爭優勢

☐ **an early technology adopter** 技術早期採用者

☐ **technology overuse** 技術濫用

☐ **technical expertise** 技術專門知識

☐ **technology usage** 技術使用

☐ **household technology** 家用技術、家電科技

☐ **social connectedness** 社會聯結

☐ **progress of humankind** 人類的進步

☐ **improvements in efficiency** 效率提升

☐ **early exposure to technology** 早期接觸技術

☐ **reliance on technology** 依賴技術

☐ **automation of manufacturing processes** 產程自動化

☐ **feel disconnected** 感到脫節

☐ **play video games excessively** 過度地玩電玩遊戲

☐ **use technology minimally** 最低程度地使用科技

☐ **become obsolete** 變得過時、被淘汰

☐ **become automated** 變自動化

☐ **reduce costs in time and money** 節省時間與金錢的花費

✓ **勾選出認識的單字，寫上中文意思。**

- ☐ stressed
- ☐ stifle
- ☐ consolidate
- ☐ peer
- ☐ curriculum
- ☐ assignment
- ☐ generation
- ☐ compulsory
- ☐ studious
- ☐ plagiarise

- ☐ spoil
- ☐ revision
- ☐ discipline
- ☐ demotivate
- ☐ concentrate
- ☐ supervision
- ☐ integral
- ☐ facilitate
- ☐ scholarship
- ☐ qualification

| ★★ | (adj.) 感到有壓力的、不安的 |

stressed
[strɛst]

✏ Nowadays, many young students feel **stressed** by academic pressure.
現今許多學生因為課業的壓力而備感不安。

🗨 I tend to eat more when I'm feeling **stressed** at work.
我在工作感到壓力時,有吃比較多的傾向。

| ★★ | (v.) 抑制、扼殺 |

stifle
[`staɪfəl]

✏ Some argue that homework trains young children to be responsible and diligent, whereas others claim that homework **stifles** students' creativity.
有人主張作業能培養孩子成為負責、努力的人,但也有人認為作業會扼殺創造力。

🗨 I think that playing video games too much can **stifle** students' ability to do their homework.
我認為電動玩太多,會抑制學生做功課的能力。

多學點再走!

stifle 的近義詞是 discourage(阻擋),反義詞是 encourage(鼓勵)和 promote(促進)。

| ★★ | (v.) 統合 |

consolidate
[kən`salə,det]

✏ Homework greatly helps students to **consolidate** knowledge and facts they have learnt in class.
回家作業有效幫助學生統整課堂學到的知識和事實。

🗨 I'd say schools could **consolidate** smaller subjects together, as they'd save time and money.
我認為學校可以將較小的科目整合在一起,因為這樣能節省時間和金錢。

多學點再走!

consolidate 的近義詞是 combine(結合)和 merge(合併),反義詞是 divide(分裂)和 scatter(分散)。

★★★	(n.) 同儕、同學

peer
[pɪr]

✏️ Students with behaviour issues are recommended to take one-to-one classes with their teachers, as being around their **peers** in the classroom negatively affects their concentration.

行為有問題的學生和同學一同待在教室裡，會對其專注力造成負面影響，因此建議讓他們與老師進行一對一的授課。

💬 Sometimes, I find that the pressure of achieving good grades forces me to compare myself to my **peers** in an unhealthy way.

我發現為了取得好成績的壓力，有時會讓我用不健康的方式與同儕做比較。

★★	(n.) 教育課程、課綱 curricula（複數）

curriculum
[kə`rɪkjələm]

✏️ It is rare for schools to include financial education in their school **curriculum**.

將財務教育納入課綱的學校並不多見。

💬 It might be hard to admit, but in my opinion, the **curriculum** favours richer kids rather than the poorer ones.

要承認這點或許不容易，但我認為，教育課程對富裕的孩子比對貧窮的孩子更為有利。

高分表達！Collocations

develop a curriculum 開發教育課程
the broad curriculum 廣域課程 *

* 廣域課程：將不同科目統整融合，使學生獲得更廣知識概念。

★★★	(n.) 作業、課題

assignment
[ə`saɪnmənt]

✏️ Students need to set clear deadlines and goals in order to complete their **assignments** on time.

為了能在時間內完成作業，學生必須設定明確的期限與目標。

💬 I go to the library with my schoolmates so we can prepare for our **assignments**.

我跟學校同學一起去圖書館討論我們的作業。

| ★★★ | (n.) 世代 |

generation
[͵dʒɛnə`reʃən]

✎ Far too much pressure is put on today's **generation** to go to university, especially when compared to the past.

現今世代承受了過多上大學壓力，尤其是與過去相比的時候。

💬 I think my **generation** is really lucky to have the Internet to help with research for their school assignments.

我覺得我這個世代很幸運，可以用網路來搜尋學校作業需要的資料。

高分表達！Collocations

future generations 未來世代
the next generation 下個世代
the baby-boomer generation 嬰兒潮世代 *
the generation gap 代溝

* 嬰兒潮世代：指經歷戰爭或嚴重不景氣後，經濟與社會轉為安定，出生率大幅提升的世代。

| ★★★ | (adj.) 強制的、義務的、必須做的 |

compulsory
[kəm`pʌlsərɪ]

✎ Online learning enables students to learn at their own pace and in their own time. Conversely, regular classes on campus require **compulsory** attendance at fixed hours.

線上課程讓學生按自己的步調，配合自己的時間學習。相反地，學校的正規課程必須在規定時間出席。

💬 I was disappointed that maths was still **compulsory** in my final school years, as I really hated my teacher for that subject.

直到畢業前，數學都是必修科目的這件事讓我很沮喪，因為我實在很討厭我的數學老師。

多學點再走！

比 compulsory 更正式的字彙是 obligatory（義務的）。

| ★ | (adj.) 適合學習的;勤奮好學的 |

studious
[`stjudɪəs]

✍ Many teachers report a far more **studious** environment in single-sex classrooms when compared to mixed classrooms.

許多老師主張比起男女混班,男女分班是更適合學習的環境。

💬 One of my regrets from school was that I wasn't more **studious** in maths class, because now I really struggle with numbers.

我學生時代的遺憾之一,就是上數學課時沒有更認真學習,所以現在的數字概念很差。

| ★★ | (v.) 剽竊 |

plagiarise
[`pledʒəraɪz]

✍ **Plagiarising** the work of others is a very serious misdemeanour.

剽竊他人努力的成果是非常嚴重的不道德行為。

💬 I think I didn't realise when I was younger that I shouldn't **plagiarise** from online sources.

我年輕時沒有意識到抄襲網路資料是不對的。

| ★★ | (v.) 破壞、搞砸 |

spoil
[spɔɪl]

✍ It is possible that if students are not provided with the appropriate teaching methods to suit their specific learning needs, their development in certain areas is **spoilt**.

若無法提供符合學生特殊學習需求的教育方法,可能會破壞學生在特定領域的發展。

💬 When I was in school, I **spoilt** my education through being too distracted by chasing girls and playing video games.

在學期間,我只顧著追女孩和打電動,因此搞砸了我的課業。

> **多學點再走!**
>
> 若破壞程度比 spoil 更嚴重,可用 ruin(毀壞)來表示。

★★	(n.) 考試複習

revision
[rɪ`vɪʒən]

✍ Students should spend far more time on **revision** if they are to do well in their upcoming exams.

若想在即將到來的測驗中取得好成績，學生們必須投入更多時間在考試複習上。

💬 I think most students usually leave their **revision** to the last minute because they get too stressed about exams.

我覺得大部分學生都會把考試複習拖到最後一刻，是因為考試壓力太大的關係。

★	(n.) 紀律、訓練

discipline
[`dɪsəplɪn]

✍ A lack of **discipline** in schools contributes to students having difficulty concentrating in class.

學校缺乏紀律是導致學生難以專注於課堂的原因。

💬 In my opinion, most kids in my school need more **discipline** because they are too disruptive in the classroom.

在我看來，我們學校的學生需要更多的紀律，因為他們在課堂上太愛搗亂。

高分表達！Collocations

a breach of discipline 違反紀律
school discipline 學校紀律

★★★	(v.) 使失去動力

demotivate
[dɪ`motɪvet]

✍ There is often debate over whether the education system's focus on academic targets and standardized tests **demotivates** young students.

對於教育制度著重於學業目標與標準化考試，是否會導致青年學子失去學習動力，常有爭論。

💬 Maybe my parents thought they were helping me, but when I was at school, they were way too strict, which ended up **demotivating** me.

也許我的父母認為他們是在幫我，但學生時期因為他們太過嚴厲，反而讓我失去學習動力。

★★

(v.) 集中

concentrate
[`kɑnsɛn,tret]

Parents should make sure that their children's diets are healthy so that they can **concentrate** at school to the best of their abilities.

父母應該確保子女的飲食健康，以便他們能盡最大努力在學校集中精神。

I prefer studying in the afternoon as I am able to **concentrate** much better at that time.

我比較喜歡在下午讀書，因為那個時間我更能集中精神學習。

多學點再走！

「專注於～」要用 concentrate on 表達，請注意不要把 on 誤用成 in。

I'm trying to concentrate on day-to-day commitments. (O)
I'm trying to concentrate in day-to-day commitments. (X)
我正努力專注於每日例行公事。

★★

(n.) 監督、管理、管制

supervision
[,supɚ`vɪʒən]

Some education experts recommend that students should not have too much **supervision**, as it can affect their ability to study properly when they are under pressure.

部分教育專家建議不要對學生進行過度監督，因為承受壓力可能導致他們學習效率低落。

Sometimes, I wish my teachers gave me better **supervision** in the classroom, because I always got too distracted.

有時我希望老師在課堂上能監督我，因為我總是太容易分心。

高分表達！ Collocations

strict supervision 嚴格控管
parental supervision 父母監督

| ★★★ | (adj.) 必需的 |

integral
[ˈɪntəgrəl]
[ɪnˈtɛgrəl]

✐ Face-to-face interaction is an **integral** part of learning.
面對面互動是教學中不可或缺的一部分。

🗨 I think food technology and cooking should be **integral** subjects in school, because I never learnt to cook when I was younger.
我小時候從來沒學過烹飪，因此我認為應該將烹飪和其相關技巧納入學校必修課程。

| ★★★ | (v.) 使容易、促進 |

facilitate
[fəˈsɪləˌtet]

✐ Face-to-face lessons that take place in classrooms are still by far the most effective form of teaching, as they **facilitate** interaction between teachers and students.
教室進行的面對面授課，因為能促進師生間的互動，仍是最有效的教學方法。

🗨 For subjects that I think are difficult, I try to use mind maps to **facilitate** my revision.
對於我覺得困難的科目，我會試著用心智圖讓考試複習變容易。

| ★ | (n.) 獎學金 |

scholarship
[ˈskɑləˌʃɪp]

✐ In the American education system, many teenagers rely on sports **scholarships** to gain acceptance into their university of choice.
在美國的教育體制中，有許多青少年必須依靠體育獎學金，才能取得他們想去的大學入學許可。

🗨 I think **scholarships** are really important for poorer kids to be able to go to whichever college they want.
我認為對貧困的孩子來說，無論他們想上哪所大學，獎學金都非常重要。

高分表達！Collocations

win a scholarship 獲得獎學金

★★★

qualification

[ˌkwɑləfəˈkeʃən]

(n.) 資格、證照

✍ It is increasingly common for most sectors to ask for more academic **qualifications** than before.

大部分行業越來越普遍要求比以前更多學術學位。

💬 When you have spent years putting the effort into earning an academic **qualification**, you should celebrate with your friends and family.

花了好幾年時間才取得學歷，你應該跟家人朋友一起慶祝才對。

高分表達！Collocations

formal qualifications 正式證照
academic qualifications 學歷
hold qualifications 持有證照

戰勝 IELTS 寫作 Task 2 段落範例

[1]Without a doubt, education is one of the biggest priorities for today's young **generation**. [2]On the one hand, there are some students who, without external **supervision** or **compulsory** deadlines, are able to excel in most areas of the **curriculum**. [3]Yet, on the other hand, some students struggle to keep up with their **studious peers** because they are **demotivated** by the thought of **revision** and **stressed** with every **assignment**.

[4]Of course, this is not simply about intelligent students versus incompetent students. [5]For example, factors such as family, finances or health can either **facilitate** or **stifle** students' abilities to achieve the **qualifications** that they need. [6]To stop underachieving students from **plagiarising** their classmates, or from failing to **concentrate**, perhaps more **discipline** is needed.

[7]In short, it is **integral** that every student is given equal opportunity, so no one **spoils** their chances for the future.

解答

[1] 毫無疑問，對於現今的年輕世代來說，教育是最重要的優先事項。[2] 一方面，有些學生即使沒有外來的**監督**或**硬性的**最終期限，也能在大部分的**教育課程**中取得優秀成績。[3] 然而，另一方面，有些學生卻很難跟上那些**熱衷學習的同學**，一想到要**考試複習**，使他們**失去動力**，而且他們對所有的**作業都感到有壓力**。

[4] 當然，這不單純是聰明的學生和無能的學生之間的差異。[5] 舉例來說，家庭、財務、健康問題等因素，都可以**促進**或**抑制**學生取得所需**資格**的能力。[6] 為了防止低成就學生**抄襲**同學的作業或無法**專心**，我們可能需要更多的**紀律**。

[7] 簡而言之，給予每個學生平等的機會是**必需的**，如此他們未來的機會才不會遭到任何人**破壞**。

IELTS 7+ 高分進階單字

004 跟著音檔朗讀單字，學習完成在框中打 ✓

- [ ] **rote memorisation** 死記硬背
- [ ] **proper evaluations** 適當的評價
- [ ] **private tutoring** 私人家教
- [ ] **course material** 教材
- [ ] **tuition fee** 學費
- [ ] **student loan debt** 就學貸款債務
- [ ] **study burnout** 學業倦怠、學習倦怠
- [ ] **standardised tests** 標準化測驗
- [ ] **underachieving students** 成績後段學生
- [ ] **disadvantaged students** 弱勢學生
- [ ] **online classes in higher education** 高等教育線上課程
- [ ] **learn at their own pace and in their own time**
  根據自己的步調在方便的時間學習
- [ ] **be susceptible to distractions** 容易受影響而分心
- [ ] **poor attendance** 出席率低
- [ ] **narrow the educational gap** 縮小教育差距
- [ ] **a learning environment** 適合學習的環境
- [ ] **a decline in academic performance** 成績下滑
- [ ] **secondary education**
  中等教育（美國指 6~12 年級；英國各省制度不同約 12~18 歲）
- [ ] **obtain a competitive level of education** 獲得具競爭力的教育水準
- [ ] **educational opportunities** 教育機會

Memo

Family & Children
家庭與兒童

✓ **勾選出認識的單字，寫上中文意思。**

- ☐ parenting
- ☐ sibling
- ☐ dysfunctional
- ☐ maturity
- ☐ growth
- ☐ reduction
- ☐ rear
- ☐ patriarchal
- ☐ patience
- ☐ role

- ☐ maternal
- ☐ adolescent
- ☐ trait
- ☐ formative
- ☐ childcare
- ☐ rebellious
- ☐ potential
- ☐ influence
- ☐ warmth
- ☐ moral

★★★

parenting

[ˋpɛrəntɪŋ]

(n.) 子女教養、親職教養

✒️ Irresponsible **parenting** is one of the main factors in the rise of urban youth crime.

不負責任的親職教養，是導致都市未成年犯罪增加的主要原因之一。

💬 I think children who are exposed to negative **parenting** are far more likely to misbehave.

我認為孩子在負面教養下更容易做出不良行為。

★★

sibling

[ˋsɪblɪŋ]

(n.) 兄弟姊妹

✒️ **Siblings** play a vital role in developing their brothers'or sisters' social skills.

手足在孩子社交技巧的發展上扮演重要的角色。

💬 I spend the majority of my weekends with my parents and **siblings**.

我大部分週末都跟父母及兄弟姊妹一起度過。

多學點再走！

兄弟姊妹間爭奪父母的寵愛而競爭，稱為 sibling rivalry（手足競爭）。

★

dysfunctional

[dɪsˋfʌŋkʃənəl]

(adj.) 有問題的、功能失調的

✒️ Some people argue that poverty is one of the most significant factors in creating **dysfunctional** families.

有人認為貧窮是造成問題家庭最重要的原因之一。

💬 Sadly, my home life was **dysfunctional** when I was growing up.

可悲的是，我小時候的家庭生活並不健全。

多學點再走！

dys- 有 bad（劣質）的意思，function 指「功能」，所以 dysfunction 就是「功能失調」，最後加上形容詞字尾 -al，就是 dysfunctional。

| ★★ | (n.) 成熟 |

maturity
[məˈtjʊrətɪ]

✎ Many teenagers often do not possess the **maturity** to be able to save money or spend it wisely.
大部分青少年常不夠成熟，不懂得存錢或明智消費。

💬 Personally, I think it's probably true that girls have more **maturity** than boys from a younger age.
就個人而言，我想女孩從小就比男孩成熟是真的。

多學點再走！

雖然生理成熟 (physically mature)，但若無法對所犯的錯誤負責，就尚未達到心理成熟 (emotionally mature)。

| ★★★ | (n.) 成長 |

growth
[groθ]

✎ I strongly believe that family is the most important and powerful factor in a child's **growth** and development.
我深信孩子的成長與發展，最為重要且影響最為深遠的因素就是家庭。

💬 I was small until about the age of 12, until a major **growth** spurt happened all of a sudden.
直到 12 歲突然快速成長前，我的身材一直很矮小。

高分表達！ Collocations

childhood growth 兒童期成長
sustained economic growth 持續性經濟成長
steady growth 穩定成長
rapid growth 急速成長
population growth 人口成長
wage-led growth 工資帶動型成長
stimulate growth 促進成長

★★★

reduction

[rɪˋdʌkʃən]

(n.) 降低、減少

✐ Many countries around the world are witnessing a **reduction** in family size.

在世界各國中，許多國家的家庭規模都持續縮小。

💬 I'm not personally convinced that severe punishment leads to a **reduction** in bad behaviour within the classroom.

就我個人而言，我不確定嚴厲處罰能降低教室裡的不良行為。

高分表達！ Collocations

a substantial reduction 大幅減少
a sharp reduction 急速減少
a gradual reduction 逐漸減少

★★★

rear

[rɪr]

(n.) 培養、養育

✐ Some people assert that the countryside is the best place for children to be **reared**.

有些人主張鄉下是最適合養育孩子的地方。

💬 As my family lived on a farm, I always got to see the mother cows **rearing** their young calves.

由於我們家以前住在農場裡，所以我經常能看到母牛養育小牛。

★

patriarchal

[ˌpetrɪˋɑrkəl]

(adj.) 父權制的、父權的

✐ Women's rights activists argue that our **patriarchal** society overwhelmingly favours men over women.

女權主義者認為相對於女性，我們的父權社會過度偏愛男性。

💬 I think kids who don't know how to behave properly have not had enough of a **patriarchal** influence.

我認為不懂如何正確行事的孩子，或許是因為他們沒受父親充分管教的影響。

★★

patience
[`peʃəns]

(n.) 忍耐、耐心

✑ Parents can help teach their children social skills, such as communication, **patience** and empathy.
父母可以教導孩子溝通、耐心、同情等社交技巧。

💬 I think some people nowadays don't want to raise kids because they don't have the **patience** or time for it.
現代有些人不想生小孩是因為他們沒有養育孩子的耐心和時間。

┌─── **多學點再走！** ───
patience 是不可數名詞，因此沒有 a patience、many patiences 等用法。

★★★

role
[rol]

(n.) 角色；作用

✑ It is important to remember that fathers play an equally important **role** as mothers in bringing up children.
重要的是要記住，養育孩子時，父親扮演著與母親同等重要的角色。

💬 My dad didn't have much of an active **role** when I was growing up, because he was always busy working.
我的父親在我小時候因為忙於工作，並沒有在育兒上積極付出。

高分表達！ Collocations

a key role 關鍵角色
an active role 積極作用
an educational role 教育角色
a fundamental role 基本重要作用
a traditional role 傳統角色
parental roles 父母的角色
play a role 扮演角色
take on a role 扮演角色

★

maternal

[məˈtɜnəl]

(adj.) 母性的、母親的

✎ Infants need equal input from both **maternal** and paternal influences.

幼兒需要得到來自母親和父親兩者同等的愛。

💬 Personally, I think the idea of prioritising **maternal** care for kids is outdated.

我個人認為，育兒是母親責任的想法是過時的。

★★★

adolescent

[ˌædəlˈɛsnt]

(n.) 青少年

✎ One of the most prominent issues facing **adolescents** today is the influence of social media.

青少年面臨最主要的問題之一是社群媒體的影響。

💬 **Adolescents** are always pleased to receive good grades at school.

青少年總會因在學校取得好成績而感到開心。

> **多學點再走！**
>
> 青春期 (puberty) 到成年 (adulthood) 前的這段時間，稱為青少年期 (adolescence)。

★★★

trait

[tret]

(n.) 特質、資質

✎ Certain character **traits**, if developed correctly, increase the chances of children becoming successful in their professional and social lives as they continue to mature.

若某些特定人格特質能正向發展，隨著孩子們日漸成熟，他們在職業與社交生活中的成功率也會提升。

💬 I think certain character **traits** such as resilience, curiosity and empathy must be learnt early in life.

我認為必須從小培養某些人格特質，如：挫折容忍、好奇心和同理心等。

★★

formative
[`fɔrmətɪv]

(adj.) 性格形成時期的

🖋 The **formative** years of a child's development are always the most important.

兒童發展關鍵期永遠是最重要的。

💬 One of my favourite activities during my **formative** years was going for walks on the beach with my parents.

在我的發展關鍵期，我最喜歡的活動之一就是跟爸爸媽媽一起漫步在海邊。

★★

childcare
[`tʃaɪldkɛr]

(n.) 兒童照護

🖋 With busy life commitments, many parents have no option other than to pay expensive **childcare** costs, as they go out to work every day.

為了生活而勞碌的父母，由於每天都得出外上班，不得不支出昂貴的托育費用。

💬 In my opinion, professional **childcare** services provide the best care for children.

就我看來，專業的兒童照護提供孩子最好的照顧。

★★

rebellious
[rɪ`bɛljəs]

(adj.) 叛逆的

🖋 Allowing police officers to teach children about crime might discourage their **rebellious** tendencies.

讓警察教導孩子有關犯罪的知識，或許能減輕他們的叛逆傾向。

💬 I never behaved badly at school, which was strange, because most of my friends were very **rebellious**.

我在學校從來沒有過不良行為，很奇怪吧，因為我的朋友大多很叛逆。

多學點再走！

喜歡挑戰權威 (authority)，偶爾違反規定 (rules)，就可以說具有叛逆傾向 (rebellious tendencies)。

★★★

potential

[pə`tɛnʃəl]

(n.) 潛力

There is no doubt that young people have a great deal of **potential**. However, due to a variety of modern distractions, this is frequently wasted.

年輕人無庸置疑具有強大潛力。然而因為現代多樣化娛樂，他們的潛力經常被浪費了。

I didn't realise I had the **potential** to be successful through my hobbies until I became a teenager.

直到成為青少年以前，我不知道自己擁有以興趣獲得巨大成功的潛力。

高分表達！Collocations

reach one's full potential 發揮某人最大的潛力

多學點再走！

potential 是不可數名詞，因此沒有 a potential、many potentials 等用法。

★★★

influence

[`ɪnfluəns]

(n.) 影響

As young children absorb a great deal of external **influence**, parents are in a vital position to become role models for their children.

由於年幼的孩子容易受到外界影響，因此父母處於重要的地位，必須成為孩子的榜樣。

Cultural or social **influences** such as television, friendships and music are often critical to a child's development.

電視、友情與音樂等文化或社會性影響，通常對孩子的發展很重要。

高分表達！Collocations

good influences 正面影響
negative influences 負面影響
significant influences 重大影響
external influences 外界影響
internal influences 內部影響
media's influences 媒體影響
have an influence on somebody/something
對某人／某事造成影響

★	(n.) 溫暖

warmth
[wɔrmθ]

✎ Surrounded by emotional **warmth** and a sense of community, children will be more likely to grow into thoughtful adults.

在溫暖情感和群體意識長大下的孩子,更有可能成長為思慮周全的大人。

💬 I think most people can agree that the **warmth** of a hug from their mother is very comforting.

我想大部分的人都會同意,來自母親懷抱的溫暖非常撫慰人心。

★★★	(n.) 道德

moral
[`mɔrəl]

✎ Children can learn skills, **morals** and opinions from sources other than their fathers or mothers.

除了父母之外,孩子也能從其他管道學到技能、道德觀和見解。

💬 Literature is crucial in educating children because it plays an important role in teaching young people about **morals**.

文學是教育孩子必要的一環,因為它在教導孩子道德這方面扮演著重要角色。

戰勝 IELTS 寫作 Task 2 段落範例

¹During a child's **formative** years, the **role** of family is crucial. ²A harmonious family unit is essential for children to be **reared** in a healthy way so that they might reach their full **potential** as they grow older.

³Several factors are needed in **childcare** to ensure a smooth path for the child's **growth** towards **maturity**. ⁴Firstly, it is important that any older **siblings** set a good example to ensure that younger children do not grow up with any **dysfunctional** characteristics. ⁵Secondly, children require **warmth** from a prominent **maternal** presence. ⁶Moving on, traditionally, a strong **patriarchal influence** provides lessons in **morals** for the **reduction** of any possible **rebellious** inclinations.

⁷In short, as children develop into **adolescents** and then into adults, perhaps **patience** and understanding are some of the most crucial **traits** for successful **parenting**.

解答

¹ 在孩子的**發展關鍵**期，家庭具有決定性**作用**。² 和睦的家庭對於以健康的方式**養育**孩子至關重要，如此能讓孩子在成長時發揮出自己最大的**潛力**。

³ **育兒**時需要注意幾個重要因素，以確保孩子能朝**成熟**的方向**成長**。⁴ 第一，若家中有年長的**兄姊**，必須樹立良好的榜樣，以確保弟弟妹妹不會養成**有問題的**性格。⁵ 第二，孩子相當需要來自**母親**的**溫暖**。⁶ 另外，在傳統上，強大的**父權影響力**會提供**道德**教訓，以**減少**可能的**叛逆**傾向。

⁷ 簡而言之，在孩子從**青少年**成長為大人時，成功**育兒**最關鍵的**特質**也許是**耐心**與理解。

IELTS 7+ 高分進階單字

🎧 006 **跟著音檔朗讀單字，學習完成在框中打 ✓**

☐ **a pediatrician** 小兒科醫生

☐ **parental separation** 父母離異

☐ **parental supervision** 父母的監督

☐ **dual income families** 雙薪家庭

☐ **single-parent household** 單親家庭

☐ **household chores** 家事

☐ **corporal punishment** 體罰

☐ **a family dependent** 撫養親屬

☐ **childcare assistance** 育兒補助

☐ **divorce rates** 離婚率

☐ **aging parents** 年邁的父母

☐ **throw a tantrum** 鬧脾氣、發脾氣

☐ **the dissolution of the marriage** 婚姻破裂

☐ **families with two full-time working parents** 雙薪家庭

☐ **raise children in cities** 在城市裡撫養孩子

☐ **birth control pills** 避孕藥

☐ **the average age of first-time mothers** 首次生產婦女之平均年齡

☐ **childhood growth** 兒時成長

☐ **copy the behavior** 模仿此行為

☐ **a warm and supportive family** 溫暖且給予支持的家庭

Memo

Society
社會

✓ **勾選出認識的單字，寫上中文意思。**

- ☐ society
- ☐ phenomenon
- ☐ egotistical
- ☐ shift
- ☐ stigma
- ☐ ban
- ☐ shortage
- ☐ exclusion
- ☐ frenetic
- ☐ socialise

- ☐ class
- ☐ metropolis
- ☐ communal
- ☐ resident
- ☐ homelessness
- ☐ lifestyle
- ☐ disparity
- ☐ segregation
- ☐ multicultural
- ☐ urbanised

★★★

(n.) 社會

society

[sə`saɪətɪ]

✏️ If we live in a truly free and democratic **society**, people should be free to decide how to spend their leisure time however they choose.

若我們生活在真正的自由民主社會，人們應該自由選擇如何度過自己閒暇的時間。

💬 Learning about the past offers really important lessons for **society** today.

學習過去的歷史，能為現代社會提供重要的教訓。

高分表達！Collocations

a free society 自由社會
a civil society 公民社會
a multicultural society 多元文化社會
a modern society 現代社會
a democratic society 民主社會
a capitalist society 資本主義社會
a Western society 西方社會

★★★

(n.) 現象   **phenomena**（複數）

phenomenon

[fə`namə,nan]

✏️ While it is not a new social **phenomenon** for young people to experience feelings of isolation and loneliness, it has become a particularly prescient issue in the digital era.

雖然青少年感到孤立與寂寞並非新的社會現象，但它已成為在數位時代特別可預見的問題。

💬 I don't think distrust of politicians is a new **phenomenon**, because it has existed throughout history.

我認為對政治人物的不信任並非新現象，因為它一直存在於歷史之中。

高分表達！Collocations

recent phenomena 最近的現象
complex social phenomena 複雜的社會現象
an alarming phenomenon 令人擔憂的現象

★★	(adj.) 自我中心的；自負的

egotistical
[ˌigəˋtɪstɪkəl]

✒ Due to the rise of social media, particularly photo sharing platforms such as Instagram, people are becoming more **egotistical**.

隨著社群媒體，尤其是 Instagram 等照片共享平台興起，人們變得越來越以自我為中心。

💬 I don't think being **egotistical** is a bad thing, personally; there's nothing wrong with looking after your own interests.

我個人認為自我為中心並不是件壞事，因為追求自身的利益並沒有錯。

★★★	(n./v.)（立場的）轉變、改變

shift
[ʃɪft]

✒ There has been a cultural **shift** in perceptions about children, marriage and families in recent years.

近年來，對於孩子、婚姻與家庭的觀念產生了文化上的轉變。

💬 I think nature documentaries are important in creating a **shift** in ideas about how we should look after the environment.

我認為，自然紀錄片對於改變人們要如何愛護環境的想法是很重要的。

★★	(n.) 污名

stigma
[ˋstɪgmə]

✒ Due to the hard-work and sacrifice of civil rights activists, the **stigma** around race has begun to lessen.

多虧人權運動家的努力與犧牲，圍繞著種族的污名逐漸開始消失。

💬 As a young boy, I didn't know about the **stigma** of having long hair until I went to school and the kids made fun of me.

當我還是個少年，我對於長髮的污名全然不知，直到我進入學校被同學嘲笑。

★★★	(v.) 禁止

ban
[bæn]

✍ While I think that some controls and safety procedures are necessary, I argue that extreme sports should not be **banned**.

儘管我認為某種程度的管制和安全程序是必要的，但我認為不應該禁止極限運動。

💬 In my opinion, it's ineffective to simply **ban** teens from using drugs; instead, they should be educated about them.

就我個人的意見，光是禁止青少年接觸毒品是無效的，應該實施毒品防制教育才對。

高分表達！ Collocations

ban somebody (A) from doing something (B)
禁止 A 做 B 行為

★★★	(n.) 短缺

shortage
[`ʃɔrtɪdʒ]

✍ A significant factor in the crisis in healthcare is that there is a distinct **shortage** of young people who want to train to become nurses and doctors.

醫療服務處於危機的重要原因之一，是缺乏有意接受醫護人員培訓的年輕人。

💬 Sometimes I think that society has a **shortage** of patience with poor and homeless people.

有時候我覺得社會對窮人和無家可歸的人缺乏耐心。

高分表達！ Collocations

a severe shortage 嚴重短缺
an acute shortage 嚴重短缺
a chronic shortage 長期短缺
a water/food/housing shortage 水資源／糧食／住宅短缺
a labour shortage 勞力短缺
a supply shortage 供應短缺
cause a shortage 造成短缺
result in a shortage 導致短缺
face a shortage 面臨短缺

★★★	(n.) 除外、排除

exclusion
[ɪk`skluʒən]

✏️ Governments must ensure that each and every member of society has a basic quality of life. This prevents social **exclusion**, meaning that far fewer people commit criminal acts.

政府必須讓所有社會成員都能追求基本生活品質。這可以避免社會排斥，也意味著犯罪人數的減少。

💬 Kids in school can be really mean, with anyone who looks different or acts differently facing social **exclusion**.

學校裡的孩子有時實在很壞心，任何人只要在外表或行動上與眾不同的話，就會面臨社交排擠。

★★	(adj.) 瘋狂繁忙的

frenetic
[frɪ`nɛtɪk]

✏️ It is true that many people in rural areas move to cities in search of a better life. However, urban life can also be unhealthy, **frenetic** and stressful.

的確許多人為了追求更好的生活而從鄉村移居到都市。然而，都市生活也可能危害健康、瘋狂忙碌和壓力的沉重。

💬 When I first moved to the city from the countryside, I was shocked by the rush hour there, because it was so **frenetic**.

當我第一次從鄉村搬到都市時，曾經被通勤尖峰時間嚇到，因為那實在太瘋狂了。

★★★	(v.) 與人社交、交際

socialise
[`soʃə,laɪz]

✏️ Being comfortable with the local language allows someone to assimilate into the culture and to **socialise** with native speakers.

能自在地使用當地語言就能融入當地文化，也能與當地居民交流。

💬 I didn't learn about other cultures and beliefs until I grew older, when I started **socialising** with people from different backgrounds.

我在上了年紀之後才開始與來自不同背景的人交流，在那之前我從未認識不同的文化和信仰。

(adj.)（社會）階級

class
[klæs]

✎ Analysis of prison populations shows that a large number of inmates are from working **class** backgrounds.

根據監獄人口分析結果顯示，多數的受刑人都屬於勞動階級。

💬 From my point of view, upper **class** people aren't aware of how lucky they are to have more chances than poorer people.

就我看來，上流階級的人並沒有意識到，他們比貧窮的人擁有更多機會是多麼幸運的一件事。

高分表達！ Collocations

a social class 社會階級
the working class 勞動階級
the middle class 中產階級
the upper class 上流階級
the professional class 專業階級
a class division 階級劃分

★★★

(n.) 大都會

metropolis
[mə`trɑpəlɪs]

✎ One of the problems of living in a **metropolis** is the high cost of living.

在大都會生活的其中一項問題是生活成本過高。

💬 I think if you've lived in a quiet village your whole life, London must seem like such a busy **metropolis**.

我想若你一輩子都住在寧靜的村落裡，應該會覺得倫敦像個極度繁忙的大都會。

多學點再走！

規模龐大且人口密度高的 (densely populated) 市中心 (urban area) 被稱為大都會 (metropolis)。住在大都會的難處之一，就是高消費水準 (the high cost of living)。

★★★

communal
[ˋkɑmjʊnəl]

(adj.) 共同的

✍ In overcrowded cities, with dense populations and high rates of poverty, tall apartment blocks are an ideal **communal** living space.

在人口稠密、貧困率高的人口過密城市裡，巨大的高層公寓社區可説是理想的公共居住空間。

💬 One of the great things about growing up in a small village is the sense of **communal** living.

在小村莊裡長大，其中最棒的點是共同居住意識。

★★★

resident
[ˋrɛzədənt]

(n.) 居民

✍ Governments should invest money in the building of cheaper housing to ensure that poorer urban **residents** can continue to live in cities.

政府應該投資建設價格低廉的住宅，以確保貧困階級的居民能繼續住在城市裡。

💬 Unfortunately, I do feel that the town is not as friendly as it used to be due to the sharp rise in the number of **residents**.

令人惋惜的是，隨著居民人數突然增加，我感覺社區的氣氛不如以往親切了。

★★

homelessness
[ˋhomlɪsnɪs]

(n.) 無家的狀態、露宿街頭

✍ The majority of people do not understand the causes of **homelessness**: addiction, poverty, and exclusion.

大部分的人都無法理解流落街頭的原因，如：成癮、貧困和排擠。

💬 I've noticed a rise in **homelessness** in my town, probably due to the recent recession.

最近我注意到社區裡的流浪漢人口增加了，可能跟近來的不景氣有關。

> **多學點再走！**
>
> homeless 當形容詞，指「無住所的」(without a home)，而 the homeless 的意思則是「露宿者」。

★★　　　　　　　(n.) 生活方式

lifestyle
[`laɪf.staɪl]

✍ Some argue that addiction to narcotics is a **lifestyle** choice, but this underestimates the complex psychological and social causes that are involved in the issue.

有些人主張藥物成癮只是一種生活方式的選擇，但這主張低估了涉及此問題的複雜心理及社會因素。

💬 Watching television nowadays, I think there is too much emphasis on the **lifestyles** of the rich and famous.

近來看電視時，我覺得大家過分強調有錢人和名人的生活方式。

高分表達！ Collocations

a healthy lifestyle 健康的生活方式
a sedentary lifestyle 久坐不動的生活型態
an extravagant lifestyle 奢侈的生活方式
lead a healthy lifestyle 過著健康生活方式

★★　　　　　　　(n.) 不平均、差距

disparity
[dɪs`pærətɪ]

✍ It is hard to disagree that one of the most pressing political issues of the modern age is the social and economic **disparity** between rich and poor.

我們不得不承認，現代最急迫的政治問題之一，就是貧富之間的社會及經濟差距。

💬 Personally, I think a lot of teenagers don't realise the **disparity** between reality and their dreams when they leave school and try to get a job.

我個人認為，青少年在畢業後要求職時，並沒有徹底認清現實與理想的差距。

多學點再走！

dis- 有 not（否定）的意思，而 par 則有 equal（公平）的意思，名詞字尾 -ity，disparity 就是「不公的差距」。

| ★★ | (n.) 隔離、歧視 |

segregation
[ˌsɛɡrɪˈɡeʃən]

✐ While racial **segregation** was outlawed a long time ago in the United States, there is still a great deal of racial tension in American society.

雖然種族隔離在美國很久以前就被禁止了，但至今在美國社會中，仍存在著很多種族間的緊張對立。

💬 I think it's great that we were taught about racial **segregation** in America during history classes.

我覺得能在歷史課學到美國種族隔離的歷史，是很棒的一件事。

| ★★★ | (adj.) 多元文化的 |

multicultural
[ˌmʌltɪˈkʌltʃərəl]

✐ It is important to learn about different national and religious traditions in a **multicultural** society.

在多元文化社會中，學習關於各種民族與宗教的傳統是很重要的。

💬 I didn't realise when I was at school in the city how **multicultural** it was, until I moved to the countryside where everyone looked the same.

我在城市裡讀書的時候沒意識到這是一個多元文化的環境，直到我搬到鄉下才發現，每個人看起來都一樣。

> **多學點再走！**
>
> 多元文化社會 (multicultural society) 可說是國家間的人口流動因全球化 (globalisation) 而日趨活躍的結果。

| ★★★ | (adj.) 都市化的、住在都市的 |

urbanised
[ˈɜbənˌaɪzd]

✐ There are previously uninhabited areas that are becoming increasingly **urbanised** due to continuously increasing birth rates.

由於出生率持續上升，原本沒人居住的地區也逐漸都市化了。

💬 In recent years, I've noticed my town become more and more **urbanised** due to an influx of new people moving here.

近幾年來，隨著移居來的人越來越多，我們的小鎮似乎也逐漸都市化了。

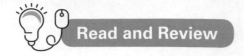

戰勝 IELTS 寫作 Task 2 段落範例

[1]In today's **society**, there are many important issues to be addressed, including social **class**, **homelessness** and the challenge of **multicultural** integration.

[2]To begin with, while some may claim that poverty is created through individuals' **lifestyles**, it is clear that the **phenomenon** of economic **disparity** is far more complex. [3]Perhaps the **stigma** around unemployment needs to **shift**, because job **shortages** are simply outside of an individual's control.

[4]Moreover, there are growing numbers of **residents** of particularly **urbanised** areas who are becoming homeless. [5]With the loss of **communal** values, many people lead too **frenetic** lives to pay attention to the homeless. [6]Perhaps stressful urban life makes people too **egotistical**.

[7]Lastly, it is common for people to say that immigration should **banned**, because migrant communities do not **socialise** with their neighbours. [8]Some would argue that this essentially amounts to **segregation**.

[9]In conclusion, there are many complex problems facing the modern **metropolis**. [10]Clearly, more work needs to be done to prevent social friction and **exclusion**.

解答

¹ 現代**社會**中散布著許多必須解決的重要問題，包括社會**階級**、**露宿街頭**和**多元文化**融合的挑戰等。

² 首先，儘管有些人主張貧困是因個人的**生活方式**所造成的，但經濟**不平等**的**現象**顯然要複雜得多。³ 工作**短缺**並不在個人可控制的範圍內，因此與失業相關的**污名**也必須有所**改變**才行。

⁴ 另外，無家可歸的**居民**人數正在增加，尤其是在**都市化的**地區。⁵ 由於**公共**價值的衰退，許多人過著**瘋狂忙碌**的生活，根本無暇關心露宿街友。⁶ 也或許是因為壓力大的都市生活，才導致人們變得過於**自我中心**。

⁷ 最後，有許多人說移民社區不與他們的鄰居**交流**，因此應該**禁止**移民。⁸ 有些人則認為這種現象最終將會導致**歧視**。

⁹ 總之，現代的**大都會**面臨著許多複雜的問題。¹⁰ 為了防止社會衝突和**排斥**，我們顯然需要付出更多努力才行。

IELTS 7+ 高分進階單字

008 跟著音檔朗讀單字，學習完成在框中打 ✓

- ☐ **immigrant communities** 移民社區；移民群體
- ☐ **gender stereotypes** 性別刻板印象
- ☐ **income inequality** 所得分配不均
- ☐ **city dwellers** 城市居民
- ☐ **an aged society** 高齡化社會
- ☐ **lonely senior citizens** 孤單老人
- ☐ **the working age population** 工作年齡人口
- ☐ **socio-economic status** 社經地位
- ☐ **social integration** 社會整合
- ☐ **pension recipients** 年金領取者
- ☐ **a contributor to inequality** 不平等的原因
- ☐ **lack of social contact** 缺乏社會連繫
- ☐ **the growth in world population** 世界人口的成長
- ☐ **a basic standard of living** 基本生活水準
- ☐ **the income gap between the rich and the poor** 貧富間的所得差距
- ☐ **society as a whole** 整體社會
- ☐ **a truly free and democratic society** 真正的自由民主社會
- ☐ **in our modern-day, fast-paced society** 快速運轉的現代社會
- ☐ **each and every member of society** 所有每一位社會成員
- ☐ **a basic quality of life** 基本生活品質

Government & Policy
政府與政策

✓ 勾選出認識的單字，寫上中文意思。

- ☐ government
- ☐ welfare
- ☐ democracy
- ☐ subsidy
- ☐ allocate
- ☐ policy
- ☐ bureaucracy
- ☐ authority
- ☐ lawmaker
- ☐ strain

- ☐ deter
- ☐ intended
- ☐ impose
- ☐ ensure
- ☐ legislation
- ☐ taxpayer
- ☐ protectionism
- ☐ sector
- ☐ prioritise
- ☐ tangible

| ★★★ | (n.) 政府 |

government
[`gʌvənmənt]

✐ The **government** should intervene as little as possible in the lives of citizens.
政府應該盡可能不干涉國民的生活。

🗩 In my own opinion, **governments** should spend less on wars and more on healthcare.
我個人認為，政府應該減少花在戰爭上的費用，投資更多金錢在醫療部門才對。

高分表達！Collocations

government spending 政府開支
government intervention 政府干預
democratic government 民主政府
governments around the world 世界各國的政府

| ★★★ | (n.) 福利、幸福 |

welfare
[`wɛl͵fɛr]

✐ The government should protect the **welfare** of vulnerable people.
政府必須保障弱勢族群的福利。

🗩 Personally, I think the biggest aim for politicians should be caring for the **welfare** of the people who voted for them.
我個人認為政治人物的最大目標，應該是維護投票支持者的福利。

| ★★ | (n.) 民主主義 |

democracy
[dɪ`mɑkrəsɪ]

✐ The freedom for citizens to think and express varying viewpoints is a fundamental principle of **democracy**.
民主主義的基本原則，是國民享有抱持及表達不同觀點的自由。

🗩 When evaluating whether the people of a country are happy or not, I think the level of **democracy** of the country is one of the most significant factors.
我認為評判一個國家的國民幸福與否時，最重要的因素之一是那個國家的民主程度。

★★	(n.) 補助金

subsidy
[ˋsʌbsədɪ]

✐ Some suggest that the government should offer a financial **subsidy** to low-income families.
有人提議政府應該發放補助金給低收入家庭。

💬 I believe that government-funded **subsidies** for special education are really important.
我認為用在特殊教育的政府補助金真的非常重要。

★★★	(v.) 分配

allocate
[ˋælə‚ket]

✐ While some people assert that protecting minority languages is a waste of resources, others disagree and argue that governments should **allocate** some budget to preserve them.
雖然有一派人主張保護少數民族語言是浪費資源，但也有一派人反對，並主張政府應該分配一些預算來保護這些語言。

💬 I didn't like the recent budget announcement, as I didn't think they had **allocated** enough for education.
我不喜歡這次的預算案，因為我不認為他們有分配足夠的預算給教育。

★★★	(n.) 政策

policy
[ˋpɑləsɪ]

✐ Recent studies have shown that nations with better democratic and environmental **policies** have a higher standard of living.
根據最近的研究顯示，具備較優秀的民主與環境政策的國家，其國民的生活品質也較高。

💬 I like the current government's **policy** on education, which is why I'll vote for this party again.
我喜歡目前政府的教育政策，所以下屆我也會投票給這個政黨。

高分表達！Collocations

government policies 政府政策
environmental policies 環境政策
economic policies 經濟政策

★

bureaucracy
[bjuˋrɑkrəsɪ]

✍ One of the most direct criticisms of the central government controlling too much of the economy is that it is inefficient, because it involves a great deal of **bureaucracy**.

對於中央政府過度掌控經濟，最直接的批判之一就是效率低落，這是因為其中伴隨著大量的官僚主義。

💬 Some people complain about too much **bureaucracy**.
有些人會抱怨過度的官僚主義。

★★★

(n.) 權力

authority
[əˋθɔrətɪ]

✍ It is a controversial issue as to whether local councils should have more **authority**, independent from the central government, to set their own budget plans.

關於地方自治團體是否不受中央政府控管，有獨立制定預算的更高權力，是一個具爭議的問題。

💬 From my perspective, I don't think states should have as much **authority** over their people.
在我看來，政府對國民不該擁有那麼大的權力。

高分表達！ Collocations

wield authority 行使權力
abuse one's authority 濫用某人的權力
challenge one's authority 挑戰權力

★

(n.) 立法者、立法委員

lawmaker
[ˋlɔ͵mekə]

✍ Some people argue that the real problem with democracy is the gap in specialist knowledge between **lawmakers** and the average voter.

有人說民主主義的真正問題，在於立法者與普通選民間的專業知識落差。

💬 I think that **lawmakers** need to remember that their decisions need to be fair for everyone.
我認為立法者需要牢記，他們所做的決定必須對所有人都公平。

★★

(n.) 負擔

strain
[stren]

✎ Taxing drivers would put an extra **strain** on those already struggling financially.

對司機課稅，會給原本就有經濟困難的他們增加額外的負擔。

🗐 I don't think that immigrants are a **strain** on society. In fact, I think we should welcome them.

我並不認為移民會對社會帶來負擔。事實上，我認為我們應該歡迎他們。

高分表達！Collocations

severe strain 沉重的負擔
intolerable strain 無法承受的負擔
unbearable strain 難以承受的負擔
emotional strain 感情上的負擔
financial strain 財務負擔
stresses and strains 壓力與負擔
put/place (a) strain on somebody 對某人施加負擔
ease the strain 減輕負擔

多學點再走！

strain 當動詞時，意思是「盡力到極限；使緊張」。
• strain hard 使盡全力
• seriously strain relationships between (A) and (B)
  使 A 與 B 關係嚴重緊張
• strain one's patience 到達某人忍耐的極限

★★★

(v.) 遏阻、制止

deter
[dɪ`tɜ]

✎ There is no guarantee at all that higher taxes will **deter** people from taking flights abroad.

提高稅金根本無法保證能使國民停止海外旅遊。

🗐 As far as I can see, political corruption has really **deterred** young people from having an interest in politics.

就我看來，政治腐敗遏止年輕人對政治的興趣。

高分表達！Collocations

deter somebody from doing something
斷絕某人做某事的念頭

| ★★★ | (adj.) 預期的；為～而設的 |

intended
[ɪnˋtɛndɪd]

✏️ It is often the case that tax hikes have failed to produce the **intended** results.
提高稅金常常發生無法得到預期結果的情況。

💬 Immigration policies do not often achieve their **intended** purpose.
移民政策往往無法達到預期成果。

| ★★★ | (v.) 實施、課徵 |

impose
[ɪmˋpoz]

✏️ To increase recycling rates, the government should **impose** heavy fines on homeowners who do not recycle.
為了增加資源回收率，政府應該對不做資源回收的家庭課徵高額罰金。

💬 I don't think that politicians should ever try to **impose** new laws without asking voters first.
我認為政治家沒有事先詢問選民，就強制實行新的法案是絕對不行的。

高分表達！Collocations

impose something on somebody
把某事強加於某人、對某人課徵某物

| ★★★ | (v.) 保障、確保 |

ensure
[ɪnˋʃʊr]

✏️ Breaking the vicious cycle of poverty is the best way to **ensure** a safer and more harmonious future for us all.
終結貧困的惡性循環，是保障我們所有人一個更安全、和睦的未來最好辦法 .

💬 I would argue that protest is always the best way to **ensure** that people in power do what they are supposed to do.
我認為能確保當權者盡到應盡的責任，最佳方法就是示威抗議。

| ★★ | (n.) 立法;法案 |

legislation
[ˌlɛdʒɪsˈleʃən]

✐ The government should introduce **legislation** to promote job growth among graduates.
政府應該制定法案,創造大學畢業生的就業機會。

💬 Personally, I believe that voters should have a say over changes in **legislation**.
我個人認為選民應該對法案的修正擁有發言權。

Day
05

> **多學點再走!**
> legislation 是不可數名詞,因此沒有 a legislation、many legislations 等用法。

| ★ | (n.) 納稅人 |

taxpayer
[ˈtæksˌpeɚ]

✐ Governments should not waste so much of **taxpayers'** money on invading foreign countries.
政府不該浪費那麼多納稅人的錢在侵略其他國家。

💬 I'm of the opinion that **taxpayers** have a right to be angry when they think that the government is not spending their money wisely.
我認為當納稅人覺得政府沒有明智地運用稅金時,他們有生氣的權利。

| ★ | (n.)(貿易)保護主義 |

protectionism
[prəˈtɛkʃənɪˌzəm]

✐ Some contend that **protectionism** never works in practice because it limits the amount of trade and resources to which a country has access.
有些人認為保護主義在現實中是絕對無法成功的,因為它限制了國家可取得的貿易量與資源量。

💬 I think that **protectionism** is an outdated idea in the modern world.
我認為在現代社會中,保護主義已是過時的想法。

> **多學點再走!**
> 與貿易保護主義相反的概念是自由貿易 (free trade)。

sector

[ˋsɛktɚ]

(n.) 部門；領域

✐ An ongoing debate in politics revolves around whether the public **sector** can provide better, more efficient services than the private sector.

政治上不斷爭論的議題，就是公部門是否能提供較民間部門更好、更有效率的服務。

🗨 I think that the **public** sector is better than the private sector because it's always more accountable.

我覺得公家部門優於私人機構，因為公部門總是更值得信賴。

★★★

prioritise

[praɪˋɑrɪtaɪz]

(v.) 視為優先、優先處理

✐ Many people argue that, during times of economic difficulty, the government needs to **prioritise** spending in areas that are essential.

許多人主張在經濟不景氣時，政府應該優先處理重要領域的支出。

🗨 I think that the government should not **prioritise** space exploration, as it's a waste of money.

我認為太空探險浪費錢，因此政府不該以它為優先。

★★★

tangible

[ˋtændʒəbəl]

(adj.) 有形的、實質的

✐ Investment in education also has **tangible** benefits beyond the economy.

對教育的投資也具有超越經濟的實質利益。

🗨 I'm disappointed because the promises made by politicians are never **tangible**.

我很失望，因為政治人物所做的承諾總是不切實際。

多學點再走！

tangible 的近義詞有 touchable（可觸摸的）和 obvious（明顯的），反義詞有 abstract（抽象的）和 conceptual（概念的）。

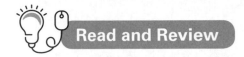

戰勝 IELTS 寫作 Task 2 段落範例

¹One of the most important tasks of **government** is **ensuring** the **welfare** of citizens. ²In practice, this means maintaining military and police to make sure people are safe, and also **prioritising** spending within the public **sector** with **subsidies** for healthcare, schooling and housing, for example. ³However, it is important to prevent overspending in such areas, as this may create a **strain** on public resources. ⁴Governments also need to assure the economic prosperity of their country. ⁵Sometimes, nations enforce the practice of **protectionism**, which means that foreign imports are **deterred** via heavy tax, which, in theory, should promote domestic economic growth.

⁶Most countries hold votes on who should be in government to decide how decisions on these issues should be made. ⁷This political system, making sure **taxpayers** have a say in how their money is **allocated** and on what **legislation** is passed, is called **democracy**. ⁸Nonetheless, politics unfortunately involves conflicts of interest, so this system does not often have its intended result. ⁹Not every single **policy** is voted on, so **lawmakers** have the authority to **impose** changes to laws as they see fit. ¹⁰In addition, there is often a great deal of **bureaucracy** involved in making political decisions, meaning that some policies never have a **tangible** impact on people's lives.

[1] **政府**最重要的課題之一，是**保障**國民的**幸福**。[2] 實際上，這代表要擁有軍隊與警力以保護國民的安全，另外，公**部門**的資金使用要以醫療保健、教育、居住等**補助金為優先**。[3] 但是這也可能會對公共資源造成**負擔**，因此避免這些領域的過度支出也很重要。[4] 此外，政府也有保障國家經濟繁榮的義務。[5] 有時候，國家會實行**貿易保護主義**，用較高的關稅來**制止**進口，就理論而言，它能促進國內的經濟成長。

[6] 大部分的國家會進行投票，來選出能對以上問題做出決策的人。[7] **納稅人**能對自己的稅金以何種方式**分配**，以及政府通過什麼**法案**提出意見，此政治體制稱為**民主制度**。[8] 即便如此，政治免不了伴隨著衝突，這種政治體制也經常無法取得預期的成果。[9] 由於無法對所有的**政策**進行投票，因此**立法者**擁有對法案**施加**適當修改的**權力**。[10] 此外，在做政治決策時涉及大量的**官僚主義**，這表示某些政策可能不會對人們的生活造成**實質**影響。

IELTS 7+ 高分進階單字

🎧 **010** 跟著音檔朗讀單字，學習完成在框中打 ✓

☐ **bureaucratic procedures** 官僚程序

☐ **statutory minimum wage** 法定基本薪資

☐ **cigarette tax** 菸稅

☐ **alcohol tax** 酒稅

☐ **corporation tax** 公司稅

☐ **agricultural subsidies** 農業補助金

☐ **foreign workers** 外籍勞工

☐ **social welfare programmes** 社會福利制度

☐ **a budget deficit** 財政赤字

☐ **undocumented workers** 無證非法移工

☐ **subsidised housing** 政府補助住宅

☐ **food stamps**（政府發放給低收入者的）糧食券

☐ **unemployment insurance** 失業保險

☐ **industrially-advanced countries** 工業先進國家

☐ **intervene** 干預

☐ **alleviate poverty** 緩解貧困

☐ **offer financial assistance** 提供經濟援助

☐ **defence, healthcare and education** 國防、保健與教育

☐ **housing policies** 居住政策

☐ **democratic and environmental policies** 民主與環境政策

Memo

Environment
環境

✓ **勾選出認識的單字，寫上中文意思。**

- ☐ environment
- ☐ emission
- ☐ crisis
- ☐ depletion
- ☐ disposable
- ☐ protect
- ☐ ecosystem
- ☐ waste
- ☐ energy
- ☐ sustainable

- ☐ destruction
- ☐ temperature
- ☐ contributor
- ☐ contaminate
- ☐ biodiversity
- ☐ renewable
- ☐ combat
- ☐ pollutant
- ☐ deforestation
- ☐ endangered

(n.) 環境

environment
[ɪnˋvaɪrənmənt]

It is a well-known fact that non-biodegradable products can remain in landfill sites for many years, releasing chemicals that are harmful to the **environment**.

非生物分解性製品會殘留在掩埋場數年,並排放對環境有害的化學物質是眾所皆知的事實。

I think lessons about the **environment** should be taught in schools, as it's such a major problem today.

環境是現今重要的議題,因此我認為學校應該教授有關環境的課程。

高分表達!Collocations

the natural environment 自然環境
the marine environment 海洋環境
harmful to the environment 對環境有害的
the protection of the environment 環境保護
the destruction of the environment 環境破壞
damage to the environment 環境破壞
safeguard the environment 保護環境
conserve the environment 保存環境
destroy the environment 破壞環境
pollute the environment 污染環境

★★★

(n.) 排放;排放廢氣

emission
[ɪˋmɪʃən]

The overcrowding of roads by cars, buses and taxis releases damaging fossil fuel **emissions**, which pollute the world's atmosphere.

擠滿汽車、公車、計程車的道路排放出有害的化石燃料廢氣,污染全球大氣。

I think it's important to consider cycling or walking instead of driving to reduce harmful **emissions**.

為了減少有害廢氣的排放,我認為考慮騎自行車或步行代替開車是很重要的。

多學點再走!

emission 作為不可數名詞使用時,意思是「排放」;emissions 可數名詞,指「排放物、廢氣」等物質。

★★★	(n.) 危機

crisis
[ˋkraɪsɪs]

 Environmental pollution has become a global **crisis**.

環境污染已經成為全球的危機。

I think the problem with denial of climate change is that it makes it look like it's not a **crisis**.

我認為否認氣候變遷的問題在於覺得他不是個危機。

高分表達！Collocations

a serious crisis 嚴重的危機
an ecological crisis 生態危機
a food crisis 糧食危機
an energy crisis 能源危機
cause a crisis 導致危機
face a crisis 面對危機
overcome a crisis 克服危機

Day
06

★★	(n.) 枯竭、用盡

depletion
[dɪˋpliʃən]

The rapid **depletion** of reserves of fossil fuels is one of the most urgent environmental problems facing the global community.

國際社會所面臨最急迫的環境問題之一，就是化石燃料儲備量的迅速枯竭。

I recently learnt about how overfishing is contributing to the **depletion** of tuna stocks in the world's oceans.

我最近瞭解到，過度捕撈是造成全球海洋鮪魚數量枯竭的原因。

多學點再走！

depletion of the ozone layer 臭氧層枯竭
depletion of natural resources 自然資源枯竭

★★★	(adj.) 拋棄式的、一次性使用的

disposable
[dɪˋspozəbəl]

✐ It is important that consumers know whether their fridges or batteries, for example, are safely **disposable** before they buy them.

重要的是消費者在購買物品前,例如冰箱或電池,要先知道它們是否可以安全地被丟棄。

💬 I always check the information on things I buy to make sure they're **disposable** in an environmentally friendly way.

我總會確認購買物品上的相關資訊,以確保能以環保的方式處理它們。

★★★	(v.) 保護

protect
[prəˋtɛkt]

✐ In short, a failure to protect wild animals is a failure to **protect** the survival of the human race.

簡而言之,野生動物保育的失敗,即為無法保護人類生存的失敗。

💬 I strongly believe that absolutely everyone should do their part in **protecting** the environment.

我深信所有人都必須為環境保護盡一份心力。

★★★	(n.) 生態系統

ecosystem
[ˋiko͵sɪstəm]

✐ Governments around the world should collaborate in order to regulate industrial practices that harm **ecosystems**.

各國政府應該合作,規範危害生態系統的工業行為。

💬 Personally, I think fish at the bottom of the ocean are part of the most interesting **ecosystem** in the world.

我個人認為,生活在海底的魚類是全世界生態系統中最有趣的一部分。

| ★★ | (n.) 垃圾、廢棄物 |

waste
[west]

 Tighter legislation and introducing fines can play prominent roles in encouraging more recycling of **waste**.

實行更嚴格的法律與罰款，能在鼓勵廢物回收利用這方面發揮重要作用。

In my opinion, people just aren't aware that their lifestyles create so much harmful **waste**.

在我看來，人們似乎不清楚自己的生活習慣會製造出那麼多有害的垃圾。

高分表達！Collocations

household/domestic waste 家庭垃圾
industrial waste 工業廢棄物
recycle waste 垃圾回收
illegally dump waste 非法傾倒廢棄物
incinerate waste 焚化廢棄物

| ★ | (n.) 能源 |

energy
[`ɛnədʒɪ]

An effective way to discourage companies from investing in non-renewable **energy** is to impose heavy taxes on coal and gas usage.

能讓企業不投資非再生能源的有效辦法，就是對使用煤炭和天然氣課重稅。

I think washing dishes by hand is better than using a dishwasher because dishwashers use up so much **energy**.

我認為用手洗碗比使用洗碗機好，因為洗碗機耗費了太多能源。

高分表達！Collocations

energy efficiency 能源效率
energy consumption 能源消耗
an energy shortage 能源短缺
a source of energy 能量來源
produce energy 生產能源
conserve energy 節省能源

★★★ (adj.)（環境）可持續的、永續的

sustainable
[sə`stenəbəl]

✍ To ensure that the world's rainforests are not destroyed, it is crucial that logging companies employ responsible and **sustainable** methods.

為確保世界上的雨林不被破壞，伐木公司採用負責且可永續發展的方法至關重要。

💬 When I buy coffee in the supermarket, I usually check whether it's from a **sustainable** source.

我在超市買咖啡時，通常會確認來源是否為永續經營。

★★★ (n.) 破壞

destruction
[dɪ`strʌkʃən]

✍ The exploitation of the world's natural resources by environmentally unfriendly corporations is the primary cause of the **destruction** of nature.

不環保的企業對地球自然資源的剝削，是破壞自然的主要原因。

💬 I think if the **destruction** of nature continues, we'll run out of water, fuel or food soon enough.

我認為如果繼續破壞自然，我們將很快耗盡水、燃料和糧食。

高分表達！Collocations

environmental destruction 環境破壞
habitat destruction 棲息地破壞

★★ (n.) 溫度、氣溫

temperature
[`tɛmprətʃə]

✍ Since the industrial revolution, the usage of coal, oil and natural gas has been increasing sharply. As a result of this, we are now witnessing a dramatic increase in **temperature**.

自工業革命以來，煤炭、石油和天然氣的使用量急劇增加。其結果就是我們現在所目睹的氣溫急劇上升。

💬 Earlier this year, I visited the Great Barrier Reef, which is shrinking and being badly damaged by rising ocean **temperatures**.

今年年初，我拜訪了因海水溫度上升而深受其害、面積正在縮小的大堡礁。

| ★ | (n.) 原因、肇因 |

contributor
[kən`trɪbjʊtə]

🖊 Deforestation, mining and overfishing are some of the most significant **contributors** to the ecological crisis.

森林破壞、採礦和魚類過度捕撈等，是造成生態危機部分最主要的原因。

💬 Personally, I didn't know that car fumes were a **contributor** to environmental damage until I read about them.

就我個人而言，在讀到關於汽車廢氣的事之前，我並不知道它是環境破壞的原因。

| ★★ | (v.) 污染 |

contaminate
[kən`tæmə‚net]

🖊 Scientific research has shown that when plastics **contaminate** the ocean, they cause mutations in marine species such as seahorses.

根據科學研究顯示，當塑膠污染海洋時，它們會引起海馬等海洋生物的突變。

💬 I try to remember not to throw litter on the ground, as it can **contaminate** animals' natural habitats.

我試著記得不要把垃圾丟在路上，因為那樣可能會污染動物的自然棲息地。

多學點再走！

contaminate 的近義詞是 pollute（污染）。

| ★★ | (n.) 生物多樣性 |

biodiversity
[baɪo‚daɪ`vɝsətɪ]

🖊 There are millions of insect species that form an integral part of the planet's **biodiversity**.

數百萬種昆蟲是地球生物多樣性不可或缺的部分。

💬 I never paid attention in my science class at school, so I didn't understand the importance of **biodiversity** until very recently.

讀書時我從來沒有專心上過科學課，直到最近我才瞭解生物多樣性的重要性。

★★★	(adj.) 可再生的

renewable
[rɪ`njuəbəl]

✐ One specific measure to mitigate the impact of climate change is through wider use of **renewable** energy, such as solar or wind power.
減輕氣候變遷影響的具體方法之一，是更廣泛地使用再生能源，如太陽能或風力能源。

💬 I think it's ridiculous that people reject **renewable** energy just because they think wind turbines are ugly.
我認為人們只因為覺得風力渦輪機很醜，就拒絕再生能源是很可笑的。

多學點再走！

renewable 的反義詞是 non-renewable（不可再生的）。

★★	(v.) 對抗、制止

combat
[`kɑmbæt]

✐ If every person on the planet planted one tree, the cumulative effect would greatly help **combat** global warming.
如果地球上的每個人各種一棵樹，其累積效果將對防止地球暖化起很大的幫助。

💬 In my opinion, people should remember that even the smallest things to **combat** environmental damage can help.
就我個人看來，人們應該記住只要是為了防止環境破壞而做，即使是最微不足道的小事也會有所幫助。

★	(n.) 污染物質、污染源

pollutant
[pə`lutənt]

✐ Unlike driving, cycling does not release any toxic **pollutants** whatsoever.
不同於開車，騎自行車不會排放任何有害污染物質。

💬 I think electronic waste is one of the biggest **pollutants** out there.
我認為電子廢棄物是世界上最大宗的污染物質之一。

高分表達！ Collocations

environmental pollutants 環境污染物質

| ★★ | (n.) 森林砍伐 |

deforestation
[ˌdifɔrəsˈteʃən]

✎ Mass **deforestation** means that the Earth has fewer trees to absorb carbon dioxide from the atmosphere.

大規模的森林破壞，意味著地球上可吸收大氣中二氧化碳的樹木變少了。

💬 I love wildlife, like most other people, which is why I think everyone should know more about **deforestation**.

我也和其他人一樣喜愛野生動物，那正是我認為每個人都應該對森林破壞進行更多瞭解的原因。

—— **多學點再走！** ——

de- 為反義字首，所以 deforestation（森林破壞）是 forestation（造林）的反義詞。

| ★★★ | (adj.) 瀕臨絕種的 |

endangered
[ɪnˈdendʒəd]

✎ The loss of habitat and poaching are two of the most significant factors that contribute to species becoming **endangered**.

棲息地破壞與盜獵，是導致動植物瀕臨絕種的兩個最主要因素。

💬 Polar bears are one of my favourite animals, so I am worried about them because they're seriously **endangered**.

北極熊是我最喜歡的動物之一，所以他們嚴重瀕臨絕種讓我很擔心。

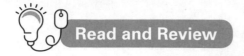

戰勝 IELTS 寫作 Task 2 段落範例

[1]Global warming and man-made harm to the **environment** have led to a major **crisis** facing the twenty-first century. [2]The primary **contributors** to this ecological damage are the **destruction** of forests and **pollutants** released by the burning of fossil fuels.

[3]**Deforestation** destabilises the delicate **biodiversity** in the "lungs of the earth", the world's rainforests. [4]This has increased the number of **endangered** species and is ultimately not **sustainable**. [5]Moreover, the production of non-**renewable** energy also creates harmful **emissions**, which is another cause behind the destruction of the planet. [6]This leads to an increase in the globe's **temperature**, which also damages **ecosystems**. [7]Artificial products such as plastic also **contaminate** rivers and other habitats.

[8]To **protect** the earth's delicate natural balance, it is important to **combat** such harmful practices. [9]If **depletion** of natural resources continues at such a fast rate, it will be difficult to reverse the effects. [10]Governments, businesses as well as individuals must make more of an effort to use recyclable materials, and to avoid **waste** by using **disposable** products in a responsible manner.

¹ 全球暖化和人類對**環境**造成的傷害，導致二十一世紀面臨重大**危機**。² 造成這種生態破壞的主要**原因**是森林**破壞**，以及燃燒化石燃料時所排放的**污染物質**。

³ **森林破壞**使號稱「地球之肺」的雨林，其脆弱的**生物多樣性**變得不穩定。⁴ 這讓**瀕臨絕種**的物種增加，最終無法**支撐下去**。⁵ 而且，在生產非**再生**能源的過程中會產生有害的**排放物**，這也是破壞地球的另一個原因。⁶ 這導致地球**溫度**上升，也對**生態系統**帶來危害。⁷ 塑膠等人工製品也**污染**了河流和其他棲息地。

⁸ 為了**保護**地球微妙的自然平衡，**制止**這些有害的行為是很重要的。⁹ 如果自然資源的**枯竭**持續以如此快的速度進行下去，其造成的影響將很難再挽回。¹⁰ 政府、企業及個人都必須更努力地使用可回收物品，使用**一次性**用品時，應具負責任的態度，以減少**垃圾**產生。

IELTS 7+ 高分進階單字

🎧 **012** **跟著音檔朗讀單字，學習完成在框中打 ✓**

☐ **land degradation** 土壤貧瘠化、土壤退化

☐ **limited natural resources** 有限的自然資源

☐ **fossil fuel combustion** 化石燃料燃燒

☐ **ecological imbalance** 生態失衡

☐ **illegal poaching** 非法盜獵

☐ **advocate saving endangered species** 提倡拯救瀕危物種

☐ **geothermal energy** 地熱能源

☐ **recyclable products** 可回收產品

☐ **environmental degradation** 環境惡化

☐ **plastic pollution** 塑膠污染

☐ **yellow dust** 黃沙，即冬春之際來自蒙古高原吹來的沙塵。

☐ **fine dust** 微細粉塵

☐ **eco-friendly and bio-degradable products** 環保、生物可分解產品

☐ **hazardous waste** 有害廢棄物

☐ **fine dust concentration** 微細粉塵濃度

☐ **habitat loss** 棲息地喪失

☐ **habitat destruction** 棲息地破壞

☐ **environmentally-friendly consumption** 綠色消費

☐ **reduce, reuse and recycle** 減少使用、重複使用和回收利用

☐ **pollution and wastage** 污染與耗費量

Health
健康

✓ **勾選出認識的單字，寫上中文意思。**

☐ health

☐ prematurely

☐ illness

☐ malnourished

☐ cardiovascular

☐ mortality

☐ antioxidant

☐ sedentary

☐ preventable

☐ obesity

☐ activity

☐ lethargic

☐ resilient

☐ correlation

☐ fatigue

☐ imbalanced

☐ disorder

☐ nutrient

☐ diabetes

☐ metabolism

(n.) 健康

health
[hɛlθ]

✍ Fast food is so popular that avoiding **health** problems associated with it, such as obesity, high blood pressure or heart attacks, is harder than ever.

速食大受歡迎，導致預防肥胖、高血壓、心臟病發等相關健康問題，變得比以往更加困難。

💬 Takeaway food and ready meals are so bad for your **health**.

外送食物和即食食品對健康很不好。

高分表達！Collocations

mental health 精神健康
physical health 身體健康
poor health 健康不佳
levels of health 健康水準
a number of health risks 多種健康風險
health problems 健康問題
improve your health 促進健康
damage your health 有害健康
deteriorating health 健康惡化
promote health awareness 提倡健康意識
keep good health 保持健康

★

(adv.) 過早、提早；早熟地

prematurely
[ˌprimə`tjʊrli]

✍ There is a strong connection between regularly failing to get enough sleep and developing health problems **prematurely**.

經常性睡眠不足與健康問題提早併發，兩者之間有密切的關聯。

💬 When I was younger, I had a growth spurt **prematurely** because I ate so much.

小時候我因為吃太多，所以提早迅速成長。

多學點再走！

pre- 有「事先」(early) 的意思，mature 有「準備好」(ready) 的意思。加上副詞字尾 -ly，prematurely 就是「過早」的意思。

| ★★★ | (n.) 疾病 |

illness
[ˋɪlnɪs]

✎ Overall, people are far more likely to develop common **illnesses** such as colds if they lead an unhealthy lifestyle.

整體而言，若持續不健康的生活模式，就更容易患上感冒等常見的疾病。

💬 I think it's important to exercise regularly when you're young to prevent **illness** later in life.

我認為要預防日後生病，年輕時定期運動是重要的。

高分表達！ Collocations

a serious illness 重大疾病
a life-threatening illness 危及生命的疾病
an incurable illness 不治之症
an acute illness 急性疾病
a chronic illness 慢性疾病
a mental/psychiatric illness 精神病
suffer from an illness 為疾病所苦
contract an illness 罹患疾病
recover from an illness 從疾病中痊癒
be diagnosed with an illness 被診斷出疾病

| ★★ | (adj.) 營養失調的 |

malnourished
[ˌmælˋnɜɪʃt]

✎ Unfortunately, children from poor backgrounds or unstable families face many health risks, including being **malnourished**.

令人惋惜的是，來自貧困背景或不穩定家庭的孩子，面臨包括營養失調等的許多健康風險。

💬 When I travelled to West Africa, I was shocked to see how many people looked ill and **malnourished**.

我到西非旅行時，看到許多人生病和營養不良的樣子，讓我受到了衝擊。

多學點再走！

mal- 是「劣、不好」(bad, badly) 的意思。所以 maltreat 就是惡劣地 (mal) 對待 (treat)，也就是「虐待」的意思。

| (adj.) 心血管的 |

cardiovascular
[ˌkɑrdɪoˋvæskjʊlɚ]

Exposure to second-hand smoke increases the risk of **cardiovascular** disorders, respiratory problems and asthma attacks in non-smokers.

暴露在二手菸之中，會使非吸菸者罹患心血管疾病、呼吸道疾病和氣喘的危險性升高。

I started running regularly because my doctor advised me that I was at risk of **cardiovascular** disease.

醫生說我有罹患心血管疾病的風險，所以我開始定期地跑步。

★★★

| (n.) 死亡人數、死亡率 |

mortality
[mɔrˋtæləti]

Doctors should remind smokers of their own **mortality** to encourage them to fight their addiction.

為了鼓勵吸菸者與菸癮對抗，醫生們應該提醒他們吸菸者的死亡率。

I read recently that **mortality** rates for sufferers of lung cancer are very high.

我最近讀到一篇文章說肺癌患者的死亡率非常高。

★★

| (n.) 抗氧化劑 |

antioxidant
[ˌæntɪˋɑksədənt]

While the research is inconclusive, there may be a link between prevention of heart disease and diets high in **antioxidants**.

雖然研究尚無定論，但抗氧化劑食物與預防心臟病之間可能有所關聯。

I think it's interesting that people talk about diets that are high in **antioxidants**, but they don't know what they actually are.

人們經常談論抗氧化劑含量高的食物，卻不清楚它們到底是什麼，實在很有趣。

多學點再走！

anti- 有 against（反對、對抗）的意思。social 是「社會的」，所以 antisocial 就是「反社會的」。

| ★★★ | (adj.) 久坐的 |

sedentary
[ˈsɛdənˌtɛri]

 People who watch too much television and play video games sometimes have health problems due to their sedentary lifestyles.
看太多電視和玩太多電玩的人，因為久坐不動的生活方式，有時候會導致健康問題發生。

Recently, when I broke my leg, I had no choice but to remain completely sedentary for a month.
我最近因為摔斷了腿，整整一個月都只能坐著度日。

| ★★★ | (adj.) 可預防的 |

preventable
[prɪˈvɛntəbəl]

Despite common knowledge of their negative impact, alcohol and tobacco are still the most widespread contributors to preventable illness.
儘管菸酒的負面影響已廣為人知，但它們仍是引發可預防疾病的最大原因。

It's sad to see people I'm close to put themselves at risk of preventable diseases.
看到與我親近的人，將自己暴露在可預防疾病的風險之中，實在令人感到悲哀。

| ★★ | (n.) 肥胖 |

obesity
[oˈbisəti]

Countless studies link unhealthy eating habits to numerous ailments, such as heart disease, depression and obesity.
眾多研究顯示，不健康的飲食習慣與心臟病、憂鬱症、肥胖等許多疾病有關。

My perception is that there are some people who are not aware that they may be suffering from obesity.
我的感覺是有些人並沒有意識到，自己目前可能患有肥胖這個事實。

多學點再走！

obesity 是一種代謝症候群，也是因生活習慣改變而引起的疾病之一。用來形容肥胖的形容詞還有 overweight，意思是「過重的、肥胖的」。

| ★★ | (n.) 活動 |

activity
[æk`tɪvəti]

✎ Recent studies have shown that the increased physical **activity** that comes from owning a pet can help lower the risk of childhood obesity.

最近的研究顯示，飼養寵物會增加身體活動量，有助於降低兒童肥胖的風險。

💬 I know it can be difficult with a busy life, but I try to to fit in physical **activity** whenever possible.

我試著盡可能抽出時間活動身體，雖然我知道在忙碌的生活中很難做到。

| ★★★ | (adj.) 精神不振的 |

lethargic
[lɪ`θɑrdʒɪk]

✎ Doctors find that, when patients report being **lethargic**, it is often due to lifestyle choices, such as not sleeping enough.

醫生發現，當患者表示精神不振時，通常是因為睡眠不足等生活習慣造成的。

💬 I started feeling **lethargic** because I had too much fast food and sugar in my diet.

因為吃太多的速食和糖，我開始覺得精神不振。

多學點再走！

lethargic 的反義詞是 energetic（精力旺盛的）。

| ★ | (adj.) 具恢復力的、迅速恢復的 |

resilient
[rɪ`zɪlɪənt]

✎ Bacterial infections that become **resilient** to antibiotics are a major problem facing modern medicine today.

現代醫學目前面臨的主要問題，是細菌感染對抗生素產生了抵抗力。

💬 I think vaccines are really important because they help us become **resilient** to harmful diseases.

我認為疫苗非常重要，因為它能幫助我們從有害的疾病中迅速恢復。

| ★★ | (n.) 關聯性、相關關係 |

correlation
[ˌkorə`leʃən]

✎ Given the strong **correlation** between smoking and various forms of life-threatening lung diseases, the global statistics concerning the high number of regular smokers are especially shocking.

鑑於吸菸與各種威脅生命的肺部疾病之間有密切的關聯性，關於經常性吸菸人數的全球統計數據之高尤其令人震驚。

💬 I think you should be careful with statistics because sometimes people look for **correlation** when it's not really there.

我認為應該對統計數據保持謹慎態度，因為人們有時會在根本沒有實際關聯的情況下尋找關聯性。

Day 07

高分表達！ Collocations

a significant correlation 顯著相關
a direct correlation 直接相關
a correlation exists between (A) and (B) A 與 B 有關聯性

| ★★★ | (n.) 疲勞 |

fatigue
[fə`tig]

✎ People nowadays tend to suffer from mental **fatigue** because there are too many things going on without enough time to rest.

現代人容易精神疲勞，這是因為事情太多導致沒有足夠時間休息。

💬 I asked my doctor if the amount of **fatigue** I felt throughout the workday was normal.

我問醫生，我一整個工作天都覺得累，這種疲勞程度是正常的嗎。

多學點再走！

fatigued 當形容詞，意思是「疲乏的、疲勞的」。
• I felt so fatigued throughout the workday.
  我整個工作日都覺得很疲倦。

| ★★ | (adj.) 不均衡的 |

imbalanced
[ɪm`bælənst]

✍ **Imbalanced** diets are another major factor in the rising levels of obesity.
不均衡的飲食是肥胖率上升的另一個主要因素。

💬 I have a sweet tooth for cake and chocolate, so I think most people would say my diet is **imbalanced**.
我很喜歡吃蛋糕和巧克力等甜食,所以大部分人應該都會説我飲食不均衡。

多學點再走!

im- 有 not(否定)的意思,mature 是「成熟的」,所以 immature 就是「不成熟的」。

| ★★★ | (n.)(身體機能的)障礙、異常、失調 |

disorder
[dɪs`ɔrdɚ]

✍ Societal pressures contribute to psychological **disorders**, including depression, anxiety and anorexia, as well as physical health issues.
社會壓力不僅會造成身體健康問題,也會成為憂鬱症、焦慮症、厭食症等心理障礙的原因。

💬 I think people don't identify health **disorders** if they are not immediately or physically visible.
如果不是立即性或肉眼可見的健康異常,我認為人們通常不會發現。

| ★★★ | (n.) 營養、養分 |

nutrient
[`njutrɪənt]

✍ In modern society, people do not have enough **nutrients** in their diet because they do not regularly cook for themselves.
在現代社會中,人們不會定期自己煮飯吃,所以無法藉由飲食攝取足夠的營養。

💬 I try to get the right **nutrients** in my diet through fresh fruit, nuts and vegetables.
我正試著藉由新鮮水果、堅果和蔬菜,從飲食中攝取適當的營養。

★★

(n.) 糖尿病

diabetes
[ˌdaɪəˈbitiz]

✒ While type 1 **diabetes** is linked to genetic factors, type 2 is in fact caused by being overweight.

雖然第一型糖尿病與遺傳因素有關，但第二型糖尿病實際上是由肥胖造成的。

💬 My sister recently developed **diabetes**, so I now understand how much it can affect your life.

我妹妹最近得了糖尿病，所以我現在知道糖尿病會對生活帶來什麼影響了。

多學點再走！

diabetes 是單數名詞。ethics（倫理）、mathematics（數學）和 politics（政治）也都是單數名詞。

★★

(n.) 新陳代謝

metabolism
[mɛˈtæbəlˌɪzəm]

✒ People with fast **metabolisms** tend to have fewer issues with weight because their bodies process calories quicker than others.

新陳代謝快的人比較不會有體重問題，因為他們能比其他人更快地消耗掉熱量。

💬 I think people don't understand that some weight issues are not related to lifestyle but are about **metabolism**.

有些體重問題並非與生活習慣有關，而是與新陳代謝有關，我覺得人們不太瞭解這一點。

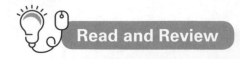

戰勝 IELTS 寫作 Task 2 段落範例

[1]Sedentary lifestyles, chronic **fatigue** and the rise in **obesity** are at the top of the agenda in **health** today. [2]Of course, some who are overweight have problems with their **metabolism**. [3]However, the key point here is that many people engage in bad habits that lead to **illness**, such as following an **imbalanced** diet, or forgetting to engage in regular physical **activity**.

[4]This ultimately leads to a number of harmful **disorders**. [5]For example, there is a clear **correlation** between lack of exercise and rising **cardiovascular** problems. [6]Moreover, poor diets high in sugar often lead to **diabetes** while some people's diets do not contain enough **nutrients**, causing them to feel **lethargic** or even become **malnourished**.

[7]Clearly, unhealthy lifestyles may cause some people to die **prematurely** and are linked to higher **mortality** rates in the world. [8]It is important, then, for people to become more **resilient** to such illnesses by exercising regularly and eating healthy diets high in **antioxidants** and vitamins.

解答

[1] 在現今的**健康**問題中,最嚴重的是**坐式生活型態**、慢性**疲勞**和**肥胖**現象的增加。[2] 當然,肥胖族群中有一部分人是有**新陳代謝**問題。[3] 然而,重要的是許多人有可能引發**疾病**的不良習慣,例如**不均衡的**飲食習慣,以及忘記定時做體能**活動**等。

[4] 這些習慣,最終會導致各種有害的身體機能**異常**。[5] 舉例來說,缺乏運動與**心血管**問題增加,兩者之間有著明確的**相關關係**。[6] 另外,對身體不好的高糖飲食習慣經常會導致**糖尿病**,相反的,某些人卻因為飲食缺乏足夠**營養**而使感到**精神不振**,甚至演變成**營養不良**。

[7] 顯然,不健康的生活習慣可能會讓人**提早死亡**,也與全球的**死亡率**上升有關。[8] 因此,重要的是人們應該藉由定期運動,以及攝取**抗氧化**與維生素含量高的健康飲食,讓自己對這些疾病**具有**更強的**恢復力**。

IELTS 7+ 高分進階單字

🎧 **014** 跟著音檔朗讀單字，學習完成在框中打 ✓

☐ **irritable bowel syndrome** 大腸激躁症

☐ **stressor** 壓力源

☐ **low-fat dairy products** 低脂乳製品

☐ **mindless eating** 盲目飲食、過食

☐ **sanitation** 衛生設施

☐ **healthcare facilities** 健康療養設施

☐ **the treatment and prevention of illness** 疾病治療與預防

☐ **excessive drinking** 過飲

☐ **healthy living** 健康生活

☐ **high-quality gyms and sports centres** 高級體育館與運動中心

☐ **foods high in fats and calories** 高脂高熱量食物

☐ **susceptible to disease** 容易生病的

☐ **an infectious disease** 傳染病

☐ **fatty foods** 高脂食物

☐ **an upset stomach** 腸胃不適（腹瀉、想嘔吐、胃灼熱等）

☐ **raise blood pressure** 血壓升高

☐ **lower blood pressure** 血壓下降

☐ **sugar-sweetened beverages** 含糖飲料

☐ **immune function** 免疫功能

☐ **prolonged stress** 長期壓力

Memo

Food & Diet
食物與飲食

✓ 勾選出認識的單字，寫上中文意思。

- [ ] consumption
- [ ] pesticide
- [ ] processed
- [ ] arable
- [ ] flavour
- [ ] unhygienic
- [ ] preservative
- [ ] additive
- [ ] craving
- [ ] organic

- [ ] fatty
- [ ] saturated
- [ ] harvest
- [ ] producer
- [ ] resistant
- [ ] modification
- [ ] binge eat
- [ ] scarcity
- [ ] unsanitary
- [ ] dietician

(n.) 消費;攝取

consumption
[kən`sʌmpʃən]

✐ Fiscal measures such as taxation can significantly lower the **consumption** of foods high in salt, sugar, and fat.

課稅等財政措施能夠顯著地降低消費高糖、高鹽、高脂等食品。

🗨 Before you have an operation in the hospital, the **consumption** of any liquid or solids is not permitted.

在醫院動手術之前,不允許攝取任何的固態食物或是流質飲料。

> **多學點再走!**
>
> consumption 有「消費、消費量」的意思,但也有「攝取」的意思。同樣表示吃的意思,若將下方例句①的 eating 用例句②的 consumption 取代,能取得更高的成績。
> ① **Eating** too much junk food leads to serious health problems.
> ② The **consumption** of too much junk food leads to serious health problems.
> 吃(攝取)太多垃圾食物會導致嚴重的健康問題。

★★

(n.) 殺蟲劑、農藥

pesticide
[`pɛstɪˌsaɪd]

✐ Some consumers worry that the use of **pesticides** on the produce that they buy will have undesirable side-effects.

部分消費者擔心他們購買的農產品中,所使用的殺蟲劑會帶來不良的副作用。

🗨 Personally, I don't mind **pesticides** being used on crops, because I trust farmers to use them safely.

就我個人而言,我並不在意在農作物上使用殺蟲劑,因為我相信農夫會安全地使用農藥。

> **多學點再走!**
>
> -cide 有 killer(殺害者)的意思,pest 是「害蟲」,pesticide 就是「殺蟲劑」的意思。

| ★★★ | (adj.) 加工的、加工處理過的 |

processed
[`prɑsɛst]

✎ While "**processed**" food has negative connotations, there are some foods, such as flour, that have to be processed for consumption.
儘管「加工」食品帶有負面的意涵，但有部分食品，如：麵粉，就必須經過加工才能攝取。

💬 The reason sweets are so delicious is that they are heavily **processed** in a factory.
甜食之所以如此美味，是因為它們在工廠裡經過大量加工處理。

| ★★ | (adj.) 可耕種的 |

arable
[`ærəbəl]

✎ In modern agriculture, the lack of crop rotation–planting different crops every year–has ruined soil that was once **arable**.
在現代農業中，由於缺乏每年種植不同作物的輪耕，導致曾經可耕作的土地變得荒蕪。

💬 In my opinion, it'll be difficult to feed growing populations if we keep replacing **arable** land with roads and houses.
在我看來，若一直將可耕作的土地改建為道路和房屋，將難以供給成長中人口足夠的糧食。

| ★ | (n.) 風味、味道 |

flavour
[`flevə]

✎ Fast food achieves its intense, artificial **flavour** through high amounts of sugar, fat, salt, and other additives.
速食是用大量的糖、脂肪、鹽巴及其他添加物來做出強烈的人工風味。

💬 When I cook, I try to balance acid, fat, spice, and salt to achieve maximum **flavour**.
我在烹飪時會尋求酸味、油脂、香料和鹽之間的平衡，以達成最佳風味。

高分表達！Collocations

rich flavour 豐富的味道
add flavour 增添風味

(adj.) 不衛生的

unhygienic
[ˌʌnhaɪdʒɪˈɛnɪk]

✍ In less developed countries, there is always serious risk of illness from consuming unhygienic water or food.

開發中國家，人們總是處於因攝取不衛生的飲水或食物而患病的高風險之中。

💬 I was taught to always wash my hands before eating; otherwise, it can be unhygienic.

我被教導在吃東西前一定要洗手，不然可能不衛生。

多學點再走！
unhygienic 的反義詞是 hygienic（衛生的）。

★★★

(n.) 防腐劑

preservative
[prɪˈzɜvətɪv]

✍ While modern preservatives contain artificial ingredients, more traditional methods such as pickling or fermenting are far healthier.

儘管現代的防腐劑含有人工成分，但如醃漬、發酵等傳統防腐方式是更加健康。

💬 From my point-of-view, food companies should always let consumers know whether they use artificial or natural preservatives in their products.

就我的觀點，食品公司應該要讓消費者知道，他們在產品裡加的是人工防腐劑或天然防腐劑。

★★

(n.) 添加物、添加劑

additive
[ˈædətɪv]

✍ A number of surveys have found that most people are not aware of what additives are in their foods.

根據多項調查顯示，人們不知道他們的食物裡含有什麼樣的添加物。

💬 Some additives really improve the taste of food, like when you add salt to pork to make bacon.

有些添加物確實能改善食物的味道，就像製作培根時在豬肉上灑鹽一樣。

| ★★ | (n.) 渴望 |

craving
[`krevɪŋ]

✐ People who decide to avoid eating sugar are shocked by how strong the **cravings** are in the first week.

決定避免吃糖的人們為自己在第一週對糖的強烈渴望而感到震驚。

📧 For my New Year's resolution, I tried to quit pizza, but I couldn't do it because of the **cravings**.

新的一年我下定決心要戒掉披薩,但對披薩的渴望讓我沒辦法做到。

─ **多學點再走!** ─

craving 通常與精神無關,而與身體有關。就像正在戒菸中的人,會感到對抽菸的強烈欲望 (an intense desire),其身體也會感受到對尼古丁的渴望 (nicotine cravings)。

Day 08

| ★★ | (adj.) 有機的、未使用化學肥料的 |

organic
[ɔr`gænɪk]

✐ When consumers explain why they prefer to buy **organic** produce, they often claim that it is more flavourful than non-organic.

當消費者在解釋為何偏好購買有機作物時,他們通常會聲稱有機食品的味道比非有機食品好。

📧 I'd buy **organic** food all the time if I had the money, but unfortunately, it's too expensive.

如果我有錢的話,就會一直買有機食品,但可惜它們實在太貴了。

高分表達! Collocations

organic farming 有機農法
an organic farmer 從事有機栽種的農夫

★★

fatty
[ˋfætɪ]

(adj.) 高脂的

✒ **Fatty** foods and sugary drinks make up a dangerously large part of the modern diet.
高脂食品與含糖飲料在現代飲食中占據極高比例。

💬 Eating too many sugary or **fatty** snacks between meals is bad for your health.
吃太多含有高糖分與脂肪的零食對健康不好。

★

saturated
[ˋsætʃəˏretɪd]

(adj.) 飽和的

✒ Doctors agree that it is crucial to let patients know that too much **saturated** fat can lead to heart disease.
醫生們同意，讓患者知道攝取過多的飽和脂肪可能導致心臟病是很重要的。

💬 I struggle with a healthy diet because **saturated** fats are so delicious, like those found in butter and cheese.
奶油和起司所含的飽和脂肪實在太美味了，讓我很難堅持健康飲食。

★★★

harvest
[ˋhɑrvɪst]

(n.) 收成　(v.) 收穫

✒ Poor farmers' **harvests** are often bought by wealthy corporations that care little for the farmers' financial wellbeing.
貧窮農夫的收成通常都被富裕的企業收購，而這些企業根本不關心農夫的財務狀況。

💬 In rural areas, people still have traditional festivals to celebrate the **harvest** in early autumn.
農村至今仍會在初秋舉行慶祝收穫的傳統慶典。

高分表達！Collocations

abundant harvest 豐收
disastrous harvest 歉收

| ★★ | (n.) 生產者 |

producer

[prə`djusə]

✎ Lawmakers in developing nations need to instigate an overhaul of the current system, where small **producers** are ruthlessly exploited by international conglomerates.

開發中國家的立法者必須著手調查現行制度。制度中，小規模生產者被國際大企業無情剝削。

🗩 I think a big problem today is that, especially in cities, we're so far removed from **producers** of food.

我認為現今的一大問題，是我們與食品生產者的距離太遠了，尤其是在城市裡。

| ★★★ | (adj.) 具抵抗力的、可抗～的 |

resistant

[rɪ`zɪstənt]

✎ Research shows that humans are becoming **resistant** to antibiotics through eating industrially farmed chickens.

根據研究顯示，食用工廠化養殖的雞肉，導致人類對抗生素的抵抗力越變越強。

🗩 I find that children can sometimes be **resistant** to introducing new food into their diet.

我發現孩子們有時候對嘗試新食物有抗拒的傾向。

| ★★★ | (n.) 修改、變異、改造 |

modification

[ˌmɑdəfə`keʃən]

✎ Genetic **modification** allows crops to grow in adverse conditions, helping to provide food for the world's growing population.

基因改造能使作物在嚴苛的環境中生長，有助於生產糧食以供應持續增加的世界人口。

🗩 I don't trust **modification** of food because I'm worried it might have a negative impact on my health.

我不信任基改食品，因為我擔心它可能會對健康造成負面影響。

(v.) 暴飲暴食

binge eat

✎ Foods high in sugar and artificial additives encourage to **binge eat** because they create strong cravings once the effects wear off.

含有大量糖分與人工添加物的食品會導致暴飲暴食，因為一旦成分的效果消失，就會引發強烈的食慾。

💬 My friend is **binge eating** at the moment because he is going through a stressful time.

我的朋友正經歷一段困難的時間，所以他暴飲暴食。

多學點再走！

憂鬱症 (depression)、對身體不滿 (body dissatisfaction) 和低自尊 (low self-esteem) 等，都可能成為暴飲暴食 (binge eating) 的原因。

★★★

(n.) 不足、匱乏

scarcity

[`skɛrsətɪ]

✎ If humans continue their current rate of consumption, there will be a severe **scarcity** of food.

若人類繼續以現在的速度消耗糧食，將會發生嚴重的糧食匱乏問題。

💬 I think in the near future, food **scarcity** might cause political tension.

我認為在不久的將來，可能會因為糧食不足而造成政治緊張對立。

高分表達！ Collocations

the scarcity of employment opportunities 就業機會不足
the scarcity of medical supplies 醫療用品短缺

(adj.) 不衛生的

unsanitary
[ʌn`sænəˌtɛrɪ]

 There are strict guidelines to regulate hygiene standards in restaurants, so that if they are **unsanitary**, they have to close.

用來規範餐廳衛生標準的準則非常嚴格,因此若餐廳不衛生的話,就必須關閉。

When I make a salad, I always remember to wash all the leaves because otherwise it's **unsanitary**.

我在做沙拉時,總會記得把每一片葉子都洗乾淨,因為不那麼做就不衛生。

多學點再走!

unsanitary 的反義詞是 sanitary(衛生的)。

★★

(n.) 營養師

dietician
[ˌdaɪə`tɪʃən]

For individuals with weight issues, **dieticians** can be helpful in offering advice on a personalised food plan.

對於有體重問題的人,營養師能幫忙推薦最適合個人的飲食計畫。

When I had an unhealthy diet, I thought a **dietician** was very helpful in giving me support.

當我飲食不健康的時候,我認為營養師給的幫助非常有用。

多學點再走!

營養師 dietician,也可寫作 dietitian,提供營養 (nutrition) 相關的專業諮詢。

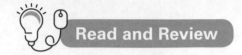

戰勝 IELTS 寫作 Task 2 段落範例

[1]Nowadays, people are removed from the **producers** of their food and do not need to rely on **arable** land to **harvest** their own crops. [2]Consumers do not have to scrub **unhygienic** mud from their food, as it is already clean once it has arrived at the supermarket. [3]Yet, because we are so removed from the source of food to begin with, it is impossible to know whether it is prepared in **unsanitary** conditions.

[4]Compared to thousands of years ago, humankind's **consumption** of food is vastly different. [5]Modern diets often contain unhealthy **additives**, artificial **preservatives** or **saturated** fats. [6]Such **processed** diets have a wider impact for human health, creating unnatural **cravings** for **fatty** or sugary snacks, which can cause to **binge eat**.

[7]Another anxiety about today's food culture has to do with the genetic **modification** of food. [8]This technique can, for example, make fruits usually grown in the summer **resistant** to cold. [9]Genetically engineered crops can therefore help solve food **scarcity**, as it makes food growable in more diverse environments.

[10]However, there are concerns about how this may negatively affect the **flavour** of food. [11]Against artificially modified food, some **dieticians** advocate growing and buying **organic** produce, which means also avoiding the use of chemical **pesticides** on crops.

¹ 現今人們已經遠離食品**生產者**，而且也不需要依靠**可耕作的**土地來**收穫**自己的穀物。
² 消費者甚至不用動手刷洗食物上**不衛生的**塵土，因為當食物送達超市時已經是洗乾淨的狀態了。³ 然而，我們與食物的源頭離得太遠，因此無法得知它是否是在**不衛生的**環境中被處理的。

⁴ 與數千年前相比，人類的食品**攝取**有了很大的改變。⁵ 現代飲食中包含不健康的**添加物**、人工**防腐劑**和**飽和**脂肪等。⁶ 這些**加工**食品會對人類的健康造成更大的影響，使人對**高脂**、含糖的零食產生不自然的**渴望**，並且可能導致**暴飲暴食**。

⁷ 對當今飲食文化的另一項擔憂，則與食品的基因**改造**有關。⁸ 舉例來說，基因改造技術能讓原本在夏季生長的水果變得**能抵抗**寒冷。⁹ 由於基因改造作物被改造成能在各種不同環境中栽培，因此有助於解決糧食**匱乏**問題。

¹⁰ 不過，人們擔心這種技術可能會對食物的**風味**造成負面影響。¹¹ 有些**營養師**反對人工改造食品，支持種植和購買**有機**作物，這也意味著要避免對作物使用化學**殺蟲劑**。

Day
08

IELTS 7+ 高分進階單字

016 跟著音檔朗讀單字，學習完成在框中打 ✓

☐ **dietary habits** 飲食習慣

☐ **crop yield** 作物收穫量

☐ **weight gain** 體重增加

☐ **home-cooked food** 家常菜

☐ **magnesium-rich foods** 富含鎂的食物

☐ **omega-3 fatty acids** Omega-3 脂肪酸

☐ **increase shelf life** 延長保存期限

☐ **comfort foods** 舒適食物（帶來愉悅和平靜的食物）

☐ **nutritional value** 營養價值

☐ **daily calorie intake** 一日卡路里攝取量

☐ **healthy fats** 健康的脂肪

☐ **binge eating disorder** 暴食症

☐ **dairy products** 乳製品

☐ **calorie information** 熱量資訊

☐ **conventionally grown** 傳統栽培的

☐ **eat healthy** 吃得健康

☐ **cut down on junk food** 減少垃圾食物

☐ **have a balanced and healthier diet** 具備均衡健康的飲食習慣

☐ **an intense fear of gaining weight** 對體重增加的強烈擔憂

☐ **a distorted perception of weight** 對體重的認知扭曲

Crime & Punishment
犯罪與刑罰

🎧 017

✓ **勾選出認識的單字，寫上中文意思。**

☐ copycat

☐ perpetrator

☐ ethical

☐ genetic

☐ law-abiding

☐ poverty

☐ inhumane

☐ malicious

☐ sentence

☐ rehabilitation

☐ deprive

☐ cruelty

☐ imprison

☐ aggressive

☐ abolish

☐ harmonious

☐ penalty

☐ delinquency

☐ pseudonymous

☐ deterrent

| ★★ | (adj.) 模仿（以前的其他犯罪）的 |

copycat
[ˋkɑpɪˏkæt]

✒ News outlets have an added responsibility when reporting on high school shootings, due to the danger of encouraging **copycat** crimes.
新聞媒體在報導高中槍擊事件時必須有特別的責任感，因為其中存在鼓吹模仿犯罪的危險。

💬 The committing of **copycat** crimes is often linked to a desire to become famous.
模仿犯罪的原因通常與想要成名的欲望有關。

| ★★★ | (n.) 加害者 |

perpetrator
[ˋpɝpəˏtretɚ]

✒ There is significant debate over the correct methods for dealing with **perpetrators** of the most serious crimes.
對於該如何合宜處置犯下嚴重罪刑的加害者，存在著巨大的爭議。

💬 I think that **perpetrators** should always be given a fair trial, even if the crime is very serious.
我認為無論加害者犯下多嚴重的罪行，都必須讓他接受公平的審判。

| ★★★ | (adj.) 倫理的 |

ethical
[ˋɛθɪkəl]

✒ Some argue that society has an **ethical** duty to help vulnerable people so that they do not become criminals.
有些人主張社會有道德義務去幫助弱勢族群，以確保他們不會淪為罪犯。

💬 Even though they have done horrible things, some people still think that criminals deserve **ethical** treatment.
即使犯下了令人髮指的罪行，有些人認為罪犯仍然有資格受到人道待遇。

> **多學點再走！**
>
> ethical 近義詞有 moral（道德的）、straight（正直的），反義詞有 immoral（不道德的）、corrupt（腐敗的）。

★★★	(adj.) 遺傳的、基因的

genetic

[dʒəˋnɛtɪk]

✑ When psychotic people commit crimes, they should be treated sensitively if their condition is **genetic** or otherwise beyond their control.

當精神病患犯罪時，如果他們的病情是來自遺傳或其他不可控制因素，那麼他們應該被細心地對待。

🗨 Violent, criminal behaviour can be **genetic**, so I think it's important to treat lawbreakers fairly.

暴力犯罪行為可能是遺傳的，因此我認為公平地對待犯罪者是很重要的。

★	(adj.) 守法的

law-abiding

[ˋlɔəˏbaɪdɪŋ]

✑ Once released from prison, some criminals get away with reoffending by changing their identity to pretend to be **law-abiding** citizens.

從監獄被釋放出來後，某些罪犯會改變身份，偽裝成守法的公民，以從再犯的罪行中脫罪。

🗨 Prisons are valuable because they help protect normal, **law-abiding** people from dangerous criminals.

監獄有其存在的價值，因為它有助於從危險的罪犯手中保護守法的普通人。

★★★	(n.) 貧窮、貧困

poverty

[ˋpɑvətɪ]

✑ **Poverty** and class division are the most prominent factors in driving people towards crime.

貧窮和階級劃分是驅使人們犯罪的最主要原因。

🗨 **Poverty** shouldn't be an excuse for committing a crime because people are still responsible for their behaviour.

貧窮不該被當成犯罪的藉口，因為人們再怎麼樣都必須為自己的行為負責。

高分表達！ Collocations

poverty-stricken area 貧困地區
alleviate poverty 減輕貧困

(adj.) 非人的、不人道的

inhumane
[ˌɪnhjuˈmen]

✐ To preserve their basic rights, it is important to avoid **inhumane** treatment of criminals despite their harmful or violent actions.

為了維護罪犯的基本權利,重要的是避免對他們採取不人道的對待,即使他們犯下暴力或危險的行動。

💬 I have read in the newspapers how some prisoners are treated, and I was shocked that it was so **inhumane**.

我在報紙上讀到一些囚犯是如何被對待的,如此的不人道令我震驚。

多學點再走!

inhumane 形容極度殘忍的 (extremely cruel),像是對人類或動物施加痛苦 (suffering)。

★★

(adj.) 惡意的

malicious
[məˈlɪʃəs]

✐ In a court of justice, it is important to establish whether the accused had any kind of **malicious** intent.

在法庭上,重要的是確認被告是否有任何惡意企圖。

💬 When criminals are punished, I don't think **malicious** intent is important because, ultimately, they've still harmed another person.

在處罰犯罪者時,我認為他們是否帶有惡意並不重要,因為他們最終就是傷害了別人。

★★

(v.) 宣判(刑責)

sentence
[ˈsɛntəns]

✐ True crime documentaries sometimes have an impact in making the courts rethink whether someone should have been **sentenced** or not.

真實犯罪紀錄片有時會影響法院,讓法院重新思考到底該不該對某人判刑。

💬 Personally, I think people should only be **sentenced** to life imprisonment if they've committed a very serious crime.

我個人認為人們只有在犯下非常嚴重的罪行時,才能被判無期徒刑。

★★★	(n.) 復健；勒戒、改過更生

rehabilitation
[ˌrihəbɪləˋteʃən]

✍ According to some arguments, drug addicts should be offered support and rehabilitation rather than being sentenced to prison.

根據部分主張，與其關押藥物成癮者，應該提供他們支持與勒戒治療。

🗨 Many people think that prison doesn't work effectively as rehabilitation because criminals usually reoffend once released.

有許多人認為監獄並未有效發揮讓罪犯改過遷善的作用，因為罪犯通常在出獄之後又會再犯。

★★★	(v.) 奪走、剝奪

deprive
[dɪˋpraɪv]

Day 09

✍ From a social and economic point of view, people fall into crime because they have been deprived of equal opportunities.

從社會和經濟觀點來看，人們是因為被剝奪了公平的機會才會淪陷於犯罪之中。

🗨 I believe prisoners should be deprived of luxuries such as televisions or nice food.

我認為應該剝奪囚犯的奢侈品，如電視或精美的食物。

高分表達！Collocations

deprive (A) of (B) 從 A 那裡奪走 B

★★	(n.) 殘忍、虐待

cruelty
[ˋkruəltɪ]

✍ Animal cruelty is a very emotional topic.

虐待動物是容易令人激動的議題。

🗨 Personally, I do think that prisoners should be treated fairly and without any kind of cruelty.

就個人而言，我確實認為囚犯應該被公平地對待，不該受到任何虐待。

多學點再走！

cruelty 的反義詞是 kindness（親切）。

(v.) 收監、監禁

imprison
[ɪm`prɪzən]

✍ Recent research has shown that imprisoning minor offenders often encourages more criminal behavior once they are released.

根據最近的研究顯示,將輕罪犯人收監關押,經常會促使他們在出獄後犯下更嚴重的罪行。

🗨 Society needs to imprison serious criminals for much longer to teach them a real lesson.

社會需要囚禁重罪犯人更長的時間,以給予他們真正的教訓。

★★★

(adj.) 具攻擊性的

aggressive
[ə`grɛsɪv]

✍ Some psychologists argue that aggressive criminals should be given counselling while in prison to allow them to rehabilitate.

部分心理學者認為,應該在收監期間提供具攻擊性的罪犯諮商時間,以給予他們教化的機會。

🗨 Many people think that aggressive murderers should be given the harshest treatment by the law.

許多人認為對具攻擊性的殺人犯,應該依法處以最嚴厲的處分。

★★★

(v.) 廢止

abolish
[ə`balɪʃ]

✍ For a number of moral and legal reasons, activists argue that the death penalty should be abolished.

基於各種道德和法律上的理由,社會運動家主張應該廢除死刑。

🗨 I think that laws for punishing drug users should be abolished because they don't help anyone in the long-term.

我認為處罰吸毒者的法律,就長遠來看對任何人都沒有好處,因此應該要廢除才對。

多學點再走!

abolish 不只是單純結束的意思,更是正式 (formally) 廢除曾實行過的制度、法規或系統的意思。

★★	(adj.) 和諧的

harmonious
[hɑr`monɪəs]

✎ Crime prevention should aim to create a **harmonious** society by stopping crime at its root.
犯罪預防應以拔除犯罪根源，創造和諧社會為目標。

💬 Prison helps create **harmonious** communities because it removes dangerous and violent people from them.
監獄有助於打造和諧的社區，因為它將危險和暴力分子從社區中隔離開來。

★★	(n.) 處罰、刑罰

penalty
[`pɛnəltɪ]

✎ There is much debate over whether the action of spraying graffiti should carry a harsher **penalty** to deter future wrongdoing.
關於是否該對噴漆塗鴉的行為處以更嚴厲的處罰，以防止將來更多的違法行為，存在許多爭議。

💬 In my opinion, traffic offences should have stricter **penalties** because driving badly is very dangerous.
我個人覺得應該更嚴厲處罰交通違規行為，因為不良駕駛是非常危險的。

高分表達！Collocations

the death penalty (= capital punishment) 死刑
impose a penalty 施加處罰

★★★	(n.)（特別是青少年的）違法行為

delinquency
[dɪ`lɪŋkwənsɪ]

✎ If teenage **delinquency** is dealt with early on, then it can prevent young people from falling into crime later in life.
若能在早期解決青少年的違法行為，便能阻止他們日後淪陷於犯罪之中。

💬 Personally, I can understand how **delinquency** leads to crime because I had friends in school who later became criminals.
就個人而言，我能理解青少年違法行為是如何演變成犯罪的，因為我有個同學後來變成了罪犯。

| ★ | (adj.) 筆名的、使用假名的 |

pseudonymous
[su`dɑnəməs]

✐ In crime films, criminals attempt to escape justice by going into hiding or assuming a **pseudonymous** identity.

在犯罪電影中，罪犯會躲藏起來或冒用假身份來逃避法律制裁。

🗨 When I create an account on the Internet, I always use a **pseudonymous** username to prevent online fraud.

我在網路上註冊帳號時，為了防止網路詐騙，一直都使用假名作為用戶名稱。

多學點再走！

pseudonymous 指用假名表示自己的身份，anonymous（匿名的）則是完全沒有名字、暱稱。

| ★★★ | (n.) 用來制止的事物、威懾 |

deterrent
[dɪ`tɜrənt]

✐ CCTV cameras can act as a strong **deterrent** in preventing would-be intruders from breaking the law.

監視器預防可能非法入侵者犯罪，起到強力的威懾作用。

🗨 As a **deterrent**, young criminals should be given tours of tough prisons.

應該讓年輕的犯罪者參觀嚴酷的監獄，作為制止犯罪的手段。

高分表達！ Collocations

an effective deterrent 有效威懾
deterrent effects 威懾效果
as a deterrent 作為威懾
a deterrent against/for 對～的威懾

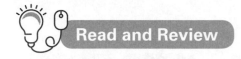

戰勝 IELTS 寫作 Task 2 段落範例

[1]There is much debate over whether the aim of sentencing an offender for a crime is for punishment or **rehabilitation**. [2]On the one hand, traditionally, the death **penalty** has been reserved for the most **malicious** and **inhumane** crimes. [3]This would imply the belief that **perpetrators** of crime should be punished for their **cruelty** to others. [4]Moreover, some believe capital punishment acts as **deterrent** to potential **copycat** criminals. [5]While the death penalty has now been **abolished** in many places, many still think that the worst criminals should be **imprisoned** for life and **deprived** of their most basic right to freedom. [6]This also helps create a more **harmonious** society, as it keeps **law-abiding** citizens away from **aggressive** individuals.

[7]On the other hand, some would argue that the more **ethical** approach is to view prison **sentences** as a chance for criminals to learn about their mistakes. [8]From a certain perspective, many criminals should be given far more sympathy. [9]This is because many people become involved in crime through **poverty** or their **genetic** traits. [10]Teenagers, especially, who become involved in **delinquency** should surely be given a second chance. [11]However, those against this view would argue that there's a risk of criminals being reintroduced to society only to continue breaking the law **pseudonymously**, thereby avoiding punishment.

Day
09

¹ 關於對罪犯判刑的目的是為了懲罰，還是為了讓他們**改過遷善**，存在著很大的爭議。
² 一方面，傳統上只有犯下最**具惡意**、最**不人道的**罪行的人，才會被宣判死**刑**。³ 這正好顯示出，人們相信**加害者**必須為對他人的**殘酷**而接受處罰。⁴ 此外，有些人認為死刑是能**制止**潛在**模仿**犯罪**的手段**。⁵ 儘管有許多地方都**廢除**了死刑，但仍有許多人認為最惡劣的罪犯應該被終身**監禁**，或是被**剝奪**最基本的自由權。⁶ 這也有助於從**具攻擊性的**人手中保護**守法**公民，以打造更加**和諧的**社會。

⁷ 另一方面，有些人主張更**合乎倫理的**觀點，應該是將**刑責**視為給罪犯一個機會，讓他們對自己所犯下的錯誤懺悔。⁸ 從某個角度來看，許多罪犯應該受到更多的同情。⁹ 因為有許多人是因**貧窮**或**遺傳**特徵而被捲入犯罪的。¹⁰ 尤其是做出**違法行為**的青少年，顯然應該得到第二次機會。¹¹ 然而，反對此觀點的人認為這可能造成風險，這些罪犯重回社會後，可能會**匿名**犯罪並藉此逃避法律制裁。

IELTS 7+ 高分進階單字

🎧 018 **跟著音檔朗讀單字，學習完成在框中打 ✓**

☐ **law-abiding citizens of society** 社會守法公民

☐ **rehabilitate offenders** 改造罪犯

☐ **embark on a life of crime** 開啟犯罪人生

☐ **young offenders** 少年犯

☐ **criminal activity in teenagers** 青少年犯罪活動

☐ **adolescent crime** 青少年犯罪

☐ **hereditary influences** 遺傳影響

☐ **abide by rules** 守法

☐ **extreme poverty** 極度貧困

☐ **crime-ridden areas** 犯罪猖獗地區

☐ **incarcerate adolescents** 監禁青少年

☐ **hate crimes** 仇恨犯罪

☐ **intellectual property theft** 侵害智慧財產權

☐ **inherited characteristics** 先天性格

☐ **anti-social behaviour** 反社會行為

☐ **high reoffending rates** 高再犯率

☐ **solitary confinement** 單獨監禁

☐ **juvenile correctional facilities** 少年輔育院

☐ **present a danger to society** 對社會構成威脅

☐ **drug and alcohol dependency** 毒品和酒精依賴

125

Memo

Media & Advertisements
媒體與廣告

🎧 019

✓ **勾選出認識的單字，寫上中文意思。**

- ☐ unattainable
- ☐ disseminate
- ☐ perception
- ☐ consent
- ☐ unbiased
- ☐ endorsement
- ☐ manipulate
- ☐ awareness
- ☐ stretch
- ☐ target

- ☐ privacy
- ☐ sensational
- ☐ muzzle
- ☐ factually
- ☐ mouthpiece
- ☐ indispensable
- ☐ coverage
- ☐ share
- ☐ defamation
- ☐ credibility

(adj.) 難以達到的、無法達成的

unattainable

[ˌʌnəˋtenəbəl]

✎ Many of the strategies used in advertising are deliberately designed to promote **unattainable** or unrealistic body images, especially for young women.

廣告中許多策略都是經過精心設計,以宣傳難以達成或不切實際的身材為目的,特別是針對年輕女性。

💬 I don't follow news about celebrities because I think their looks and wealth are just **unattainable**.

名人的外表和財力都是一般人難以達到的水準,所以我不會關注他們的新聞。

多學點再走!

un- 有 not(否定)的意思,attain 為「達成」,
字尾 -able 則有「能、可以」的意思,
unattainable 就是「無法達成的」。

★★★

(v.) 散播(資訊、知識等)、傳播

disseminate

[dɪˋsɛməˌnet]

✎ The printing press was a significant invention in modern history, allowing large amounts of information to be **disseminated** effectively.

印刷機是近代史上非常重要的發明,因為它能有效地傳播大量資訊。

💬 I write my own blog about current events because I want to **disseminate** my own ideas.

因為我想傳播自己的思想,所以正在經營有關時事議題的部落格。

多學點再走!

dis- 有「四處」(in every direction) 的意思,semin- 有「種子」(seed) 的意思,-ate 則為動詞字尾。想像資訊就像種子,往各個方向散播,就是散播資訊、傳播。

| ★★★ | (n.) 認知 |

perception
[pəˈsɛpʃən]

✎ As the media heavily affects people's **perceptions** and consumption habits, more and more people regard paler skin as being more desirable than darker skin.

媒體深深地影響著人們的認知與消費習慣，因此有越來越多人認為白皮膚比深色皮膚更具魅力。

💬 After watching too many violent news videos, I thought it had affected my **perception** of people in a negative way.

看太多的暴力新聞影片似乎會負面影響我對人的看法。

高分表達！Collocations

common perception 一般認知
public perception 公眾認知
accurate perception 明確的認知
affect general perception 影響一般認知

| ★★ | (n.) 同意 |

consent
[kənˈsɛnt]

✎ It is common to receive messages about new products from mobile phone companies without **consent**.

未經手機業者同意就取得關於新產品的消息，是很常見的事。

💬 It's really important for documentary filmmakers to gain **consent** from people before they film them.

對於紀錄片製片人來說，在拍攝前取得人們的同意是很重要的。

高分表達！Collocations

written consent 書面同意
verbal consent 口頭同意
parental consent 父母的同意

Day
10

(adj.) 無偏見的、公平的

unbiased
[ʌn`baɪəst]

✒ Journalists have a considerably difficult task in maintaining an **unbiased** stance when reporting on political events.

記者在報導政治事件時,要保持不偏不倚的立場是件相當艱難的任務。

💬 People all around the world want **unbiased** news.

全世界的人都想要公平公正的新聞。

多學點再走!

unbiased 近義詞 impartial(公正的)、neutral(中立的)。

★★

(n.) 支持、背書、代言

endorsement
[ɪn`dɔrsmənt]

✒ It is usually controversial when a newspaper changes its **endorsement** from one election candidate to another.

當報紙將對某候選人的支持轉向另一位候選人時,通常都會引起爭議。

💬 It's unfair when politicians have too much **endorsement** from one source.

政治家從某一處獲得過多支持是不公平的。

★★

(v.) 操縱

manipulate
[mə`nɪpjə͵let]

✒ It is important to have organisations monitor newspapers to ensure that they are not unfairly **manipulating** information.

為了防止報紙不公平操弄資訊,由多個機關加以監督是很重要的。

💬 Adverts **manipulate** people into thinking they need to buy new items.

廣告都會操縱人們,讓他們覺得自己有購買新產品的需求。

高分表達!Collocations

manipulate somebody into Ving 操縱某人做某事

(n.) 意識、關注

awareness
[ə`wɛrnɪs]

✒️ As a means of mass communication, the news can raise **awareness** about charitable or important causes.

作為大眾傳播的手段，新聞可以提升人們對慈善事業或重要議題的認識。

💬 When I watch the news, I try to have an **awareness** that it may be biased.

我會試著帶著新聞可能有所偏頗的意識去看新聞。

★★

(v.) 誇大、扭曲（事實等）

stretch
[strɛtʃ]

✒️ Journalists should come under scrutiny if they are perceived to have **stretched** the truth when writing a report.

當記者被認定在撰寫報導時扭曲事實的話，就必須接受嚴格的審查。

💬 When I write a persuasive essay, I will admit that I sometimes **stretch** the truth.

當我在寫具說服力的文章時，我會承認自己有時會誇大事實。

> **多學點再走！**
>
> stretch 通常作「拉長、伸展」的意思使用，但也可表達「誇大、扭曲」的意思。

Day 10

★★

(v.) 作為對象、瞄準

target
[`tɑrgɪt]

✒️ Some critics claim that, to boost circulation figures, newspapers deliberately **target** unpopular celebrities in articles.

部分評論家聲稱報紙為了增加發行量，文章故意以不受歡迎的名人作為報導對象。

💬 I'm aware that adverts **target** my cravings and weaknesses, but I can't help being drawn in.

雖然我知道廣告是針對我的欲望和弱點下手，但還是不禁被吸引。

(n.) 隱私

privacy

[ˋpraɪvəsɪ]

[ˋprɪvəsɪ]

✎ In many cases, excessive advertising infringes on individual **privacy**.

在許多情況下，過多的廣告侵犯了個人隱私。

💬 The newspapers shouldn't be so interested in invading celebrities' **privacy** just to get a good story.

報紙不該只為了取得獨家報導，就對侵犯名人隱私那麼感興趣。

高分表達！Collocations

an invasion of privacy 侵犯隱私
personal privacy 個人隱私
invade one's privacy 侵犯某人的隱私
protect one's privacy 保護某人的隱私
respect one's privacy 尊重某人的隱私

★★★

(adj.) 聳動的、煽動人心的

sensational

[sɛnˋseʃənəl]

✎ Newspapers are constantly trying to create headlines with **sensational** stories. Therefore, sometimes the more important stories become lost.

報紙一直試圖以煽情的故事來裝飾頭條，因此有時反而會漏失一些更重要的報導。

💬 Many people enjoy reading celebrity news because they find gossip or **sensational** news stories really addictive.

許多人喜歡看名人新聞，因為他們覺得八卦或煽情的故事真的會令人上癮。

多學點再走！

sensational 可以作正面意義：「轟動世界的、旋風般的」使用，也可以作負面意義（駭人聽聞的、聳動的）使用。

(v.) 封鎖言論（使之無法公開發表意見）

muzzle
[ˋmʌzəl]

🖋 In some countries, where there is no free press, political opposition is **muzzled** through state controlled media.

某些沒有新聞自由的國家會透過由國家掌控的媒體來封鎖政治反對勢力的言論。

💬 It's unfair and undemocratic when politicians try to **muzzle** opposing views.

政治人物封鎖反對意見是不公平且不民主的。

多學點再走！

muzzle 的近義詞是 gag（箝制言論）。

★★★

(adv.) 照實地、事實上

factually
[ˋfæktʃʊəlɪ]

🖋 While it may be difficult due to outside influences, the aim of the media should be to present information **factually**.

雖然可能因為外界影響而遭遇困難，但媒體的目標應該是照實提供資訊。

💬 Sometimes I like documentary films because they affect me emotionally while typically being **factually** correct.

有時候我喜歡紀錄片電影，是因為它們能帶動我的情緒，而且在事實上通常是正確的。

Day
10

★

(n.) 代言人

mouthpiece
[ˋmaʊθˌpis]

🖋 Some criticise state television for being an obedient **mouthpiece** for the interests of the ruling government.

有些人批評國營電視台，因為它成為執政政府聽話的代言發聲人。

💬 I think that newspapers should try to avoid becoming **mouthpieces** for political parties as it affects elections unfairly.

我認為報紙應該努力避免變成政黨代言人，以免對選舉造成不公正的影響。

| ★★★ | (adj.) 不可或缺的、必需的 |

indispensable
[ˌɪndɪsˈpɛnsəbəl]

✍ The power of persuasion, consisting of clever language and other smart techniques, is an **indispensable** tool for advertisers.

巧妙的話術和其他高深技巧構成的說服力，是廣告公司不可或缺的手段。

🗨 When I'm reading a news article, I have a website which checks facts – I find it **indispensable**.

我有一個在看新聞報導時用來確認事實的網站，我認為它是不可或缺的。

> **多學點再走！**
>
> indispensable 的近義詞是 essential（必要的）。

| ★★ | (n.) 報導 |

coverage
[ˈkʌvərɪdʒ]

✍ Some psychologists argue that, through smartphones and the Internet, today's 24/7* **coverage** of current affairs is unhealthy.

部分心理學家認為透過智慧型手機和網路，24 小時不間斷地報導時事是不健康的。

🗨 News channels must provide **coverage** of events in a balanced manner.

新聞頻道必須以平衡的方式提供事件報導。

* 24/7：24 小時、每週七天、全年無休 (always)。

| ★★★ | (v.) 分享 |

share
[ʃɛr]

✍ Celebrities have a responsibility to be careful with what they **share** on social media, in case it causes controversy.

名人有責任謹慎檢視自己在社群媒體上分享的內容，以防引起爭議。

🗨 When I completed a survey for an advertising company, I had to **share** information about my spending habits.

當我填寫某廣告公司的問卷調查時，我不得不分享有關自身消費習慣的資訊。

(n.) 妨害名譽

defamation
[ˌdɪfəˈmeʃən]

✎ Documentary filmmakers need to be cautious about claims of **defamation** if they misrepresent someone on camera.

如果紀錄片導演在鏡頭前虛偽陳述某人的形象，可能會因此捲入妨害名譽訴訟中，必須特別謹慎。

🗨 People have to be careful when talking about someone in public, in case they're accused of **defamation**.

在公開場所討論別人時必須小心說話，以防被指控妨害名譽。

多學點再走！

妨害名譽分成兩種，libel（誹謗）指的是以「書面」詆毀的妨害名譽，而 slander（中傷、誹謗）則是指以「口頭」詆毀的妨害名譽。

★★★

(n.) 可信度

credibility
[ˌkrɛdəˈbɪlətɪ]

✎ When reading a news article, it is important to research the **credibility** of the author and the sources.

在讀新聞文章的時候，調查作者與消息來源的可信度是很重要的。

🗨 People should question the writer's **credibility** if he or she makes a claim without a source.

若作者沒有根據就提出主張的話，人們應該要質疑作者的可信度。

高分表達！Collocations

undermine credibility 可信度下降
gain credibility 取得信任
lose credibility 失去信任

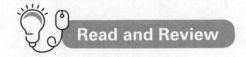
戰勝 IELTS 寫作 Task 2 段落範例

[1]Most people would agree that the fundamental aim for newspapers is to provide **unbiased coverage** of daily events. [2]As the media has a significant impact on people's **perception** of the world, it is their duty to present news **factually** and with **credibility**. [3]They are an **indispensable** way of finding out information. [4]However, for many reasons, the trustworthiness of today's journalism is under question.

[5]Firstly, some journalists will **share** outlandish or **sensational** stories just to sell papers. [6]This may involve filming specific celebrities without their **consent** and invading their **privacy**. [7]Some newspapers will even **stretch** the truth to the point of **defamation**.

[8]Another issue is that other forms of media, such as advertising, set **unattainable** beauty standards through manipulating images of models. [9]They particularly **target** young women as an audience.

[10]Finally, newspapers are often heavily **manipulated** by financial interests and become **mouthpieces** for political aims. [11]This involves the biased **endorsement** of one politician, **disseminating** information heavily in their favour. [12]Ultimately, this **muzzles** political opposition, detracting **awareness** away from other candidates.

¹ 大部分人都會同意，報紙的基本目標是提供關於日常事件的**公正報導**。² 由於媒體會對人們的世界**認知**造成重大影響，因此他們有義務**照實地**提供具**可信度**的新聞。³ 媒體是不可或缺的資訊管道。⁴ 然而，由於各種因素，如今新聞業的可信度受到質疑。

⁵ 首先，部分記者**分享**古怪或**煽情的**故事，只為了報紙銷量。⁶ 其中可能也包含未經名人**同意**偷拍，或是侵犯他們的**隱私**。⁷ 有些報紙甚至**誇大**事實，簡直與**妨害名譽**無異。

⁸ 另一個問題是廣告等其他形式的媒體，透過操作模特兒的形象，設定了**無法達成的**美麗標準。⁹ 他們主要**瞄準**的對象是年輕女性。

¹⁰ 最後，報紙經常被經濟利益嚴重**操控**，成為用來達成政治目的的**代言人**。¹¹ 包括**散播**對特定政治人物有利的情報，以及提供偏頗性的**支持**。¹² 最終，這會轉移大家對其他候選人的**關注**，並**封鎖**政治對手的**言論**。

Day
10

IELTS 7+ 高分進階單字

🎧 **020** 跟著音檔朗讀單字，學習完成在框中打 ✓

☐ **television commercials** 電視廣告

☐ **public perception** 公眾認知

☐ **get ahead of ~** 領先～

☐ **shape public opinion** 塑造輿論

☐ **the fourth pillar of democracy** 民主的第四大支柱（用來指稱媒體）

☐ **half-truths** 片面事實

☐ **product placement**（出現在電影或電視節目中的）置入性行銷

☐ **undesirable content** 不良內容

☐ **a media-saturated environment** 媒體飽和的環境

☐ **youth-oriented advertising** 以年輕族群為對象的廣告

☐ **a censored media** 被審查的媒體

☐ **brand awareness** 品牌認知度

☐ **brand preference** 品牌喜好

☐ **brand loyalty** 品牌忠誠度

☐ **cater to niche markets** 迎合小眾（利基）市場需求

☐ **petty celebrity gossip** 名人的小八卦

☐ **popular culture** 大眾文化

☐ **assess veracity** 評估真實性

☐ **promote brands** 宣傳品牌

☐ **viral marketing**
病毒式行銷（透過社群媒體，由網民主動推廣產品的行銷手法）

Transport & Travel
交通與旅行

✓ **勾選出認識的單字，寫上中文意思。**

- ☐ eco-friendly
- ☐ itinerary
- ☐ traffic
- ☐ fuel-efficient
- ☐ commuter
- ☐ congestion
- ☐ accident
- ☐ infrastructure
- ☐ autonomous
- ☐ familiarize

- ☐ sensitivity
- ☐ accommodation
- ☐ mitigate
- ☐ breathtaking
- ☐ pedestrian
- ☐ automobile
- ☐ budget
- ☐ excursion
- ☐ unreliable
- ☐ toll

★★★	(adj.) 環保的

eco-friendly
[`iko͵frɛndli]

✐ Many motorists are beginning to swop from petrol cars to hybrid or electric varieties as they are more **eco-friendly**.

許多駕駛人開始把汽油車換成混合動力車或電動車，因為它們更加環保。

💬 I prefer taking the bus to work because it's more **eco-friendly** than driving my own car.

我偏好搭公車去上班，因為這樣比自行開車更環保。

> **多學點再走！**
>
> 下列英文表達的語意都是「環保的」。
> • environmentally friendly
> • environment-friendly
> • eco-friendly
> • nature-friendly

★★★	(n.) 旅遊行程

itinerary
[aɪ`tɪnə͵rɛri]

✐ Before arriving at a new destination, travel guides recommend planning an **itinerary** to ensure time is used efficiently.

旅遊指南建議，在前往新的目的地前，應事先規劃好旅遊行程，以確保能有效利用時間。

💬 I should've read my **itinerary** properly when visiting London. I forgot to visit the British Museum!

拜訪倫敦時，我應該仔細閱讀旅遊計畫表才對。我竟然忘記去參觀大英博物館了！

> **多學點再走！**
>
> an itinerary 的近義詞是 a travel plan（旅行計畫）。

高分表達！Collocations

tourist itineraries 旅遊行程
a detailed itinerary 詳細行程
arrange an itinerary 安排行程
plan an itinerary 計劃行程
follow a demanding itinerary 跑緊湊的行程

★★	(n.) 交通、交通流量

traffic

[ˋtræfɪk]

✍ Increasing the price of petrol is not the only answer in the fight against pollution and heavy **traffic**.

提升油價並非是對抗污染與交通壅塞的唯一辦法。

💬 When I travelled to London for New Year's Eve, I was shocked by all the **traffic**.

當年我為了跨年而前往倫敦的時候，我被當地繁忙的交通嚇到了。

> **高分表達！ Collocations**

a traffic jam 交通堵塞
traffic problems 交通問題
be stuck/caught in traffic 塞車
reduce traffic congestion 減少交通堵塞

★★★	(adj.) 燃油效率高的

fuel-efficient

[ˌfjʊəl ɪˋfɪʃənt]

✍ Cars powered by diesel remain popular with motorists as they are **fuel-efficient**.

以柴油作為動力的車子，因為燃油效率高而受到駕駛人的歡迎。

💬 It's not **fuel-efficient** for me to drive a car in the city because I'm always stuck in traffic.

對我來說，在城市裡開車的燃油效率並不高，因為老是遇到塞車。

Day
11

★	(n.) 通勤族

commuter

[kəˋmjutə]

✍ Studies have shown that **commuters** gain greater life satisfaction by switching from taking the train to walking.

根據研究顯示，通勤族若以步行取代搭火車，將會獲得更高的生活滿意度。

💬 I don't like taking the bus every morning because every other **commuter** looks so miserable.

我不喜歡每天早上搭公車，因為其他通勤族看起來都很悲慘的樣子。

(n.) 擁擠

congestion
[kən`dʒɛstʃən]

✍ To combat **congestion**, local authorities should impose a tax on vehicles that enter the busy city centre.

為了打擊交通壅塞問題,地方當局應該要對進入繁忙市區的車輛課稅。

💬 If I'm planning a long journey by car, I'll leave early in case of traffic **congestion**.

如果我計畫要開車長途旅行,我會提早出發以避免遇到交通堵塞。

高分表達!Collocations

congestion charge 交通擁擠稅、進城車輛附加費
worsening traffic congestion 交通壅塞加劇
reduce traffic congestion 減少交通壅塞
ease traffic congestion 緩解交通壅塞

★★

(n.) 事故

accident
[`æksədənt]

✍ With more people choosing the train or tram for their daily commute, there will be fewer traffic **accidents**, more parking spaces, and far fewer cars on the road.

若有更多人選擇火車或電車通勤,將能減少交通事故,增加停車空間,道路的汽車數量也會大幅減少。

💬 I prefer flying because, compared to a train or car, an airplane is less likely to have any sort of **accident**.

我偏好搭飛機,因為比起火車或汽車,飛機發生事故的危險性較低。

高分表達!Collocations

a serious accident 嚴重事故
a minor accident 輕微事故
a traffic accident 交通事故
a hit-and-run accident 肇事逃逸事故

(n.) 基礎設施

infrastructure
[ˋɪnfrəˏstrʌktʃɚ]

✐ As most of the local **infrastructure**, including hospitals, are unreliable, travellers should buy health insurance before visiting the country.

由於當地包括醫院在內的基礎設施都不可靠，旅客在前往該國之前應購買健康保險。

🗨 Visiting Bosnia recently, I was saddened by how much of the **infrastructure** remains ruined after the war.

最近造訪波士尼亞時，我感到傷心，因為許多基礎設施從戰後至今仍是斷垣殘壁。

> **多學點再走！**
>
> 道路 (road)、橋樑 (bridge) 和鐵路 (railway) 是維持社會運作與經濟發展的 infrastructure。

★★★

(adj.) 自主的，自發性的

autonomous
[ɑˋtɑnəməs]

✐ By choosing an open return ticket on the train, travellers can be far more open-ended and **autonomous** with their plans.

若選擇火車的彈性回程票，旅客可以更不受限地自主制定旅遊計畫。

🗨 I regret going on a pre-planned, package holiday because I didn't feel very **autonomous**.

我很後悔參加了事先訂好行程的團體旅遊，因為我覺得太缺乏自主性了。

高分表達！ Collocations

fully autonomous 完全自主的
relatively autonomous 相對自主的

> **多學點再走！**
>
> autonomous 的近義詞有 free（自由的）、independent（獨立的）、self-governing（自主的、自治的），反義詞有 dependent（依賴的）。

Day
11

(v.) 熟悉、熟知

familiarise
[fə`mɪljə͵raɪz]

🖊 Most travel experts strongly advise that tourists **familiarise** themselves with a basic understanding of the language before travelling.

大部分的旅遊專家都強烈建議旅客，在旅行前先熟悉基本的當地語言。

💬 Before I went to India, I tried to **familiarise** myself with some of the cultural customs.

去印度前，我努力讓自己熟悉一些當地的文化習俗。

高分表達！ Collocations

familiarise (A) with (B) 使 A 熟悉 B
familiarise oneself with something 使自己熟悉某事

★★

(n.) 敏感度

sensitivity
[͵sɛnsə`tɪvəti]

🖊 People who have not learnt about or travelled to other continents tend to have less cultural **sensitivity**.

對其他大陸沒有瞭解或沒去過那裡旅行的人，文化敏感度往往不夠。

💬 I think cultural **sensitivity** is important, so I did plenty of research before going to Europe.

我認為文化敏感度很重要，因此在出發前往歐洲前做了許多調查。

★★★

(n.) 下榻住房、住處

accommodation
[ə͵kɑmə`deʃən]

🖊 Hostels are popular with young backpackers because they are an affordable type of **accommodation**.

青年旅館是價格親民的住房類型，因此很受到背包客們的歡迎。

💬 Whenever I travel somewhere new, I always book a five-star hotel because I don't like cheap **accommodation**.

每當我去一個新的地方旅行，我總是會預約五星級飯店，因為我不喜歡廉價的住處。

(v.) 使緩和、減輕

mitigate
[`mɪtəˌget]

✐ I would like to suggest different ways to mitigate the negative effects of overcrowded roads.

我想提出不同的方法，以減輕道路壅塞的負面影響。

💬 I try to mitigate the amount of time wasted on long, boring commutes by listening to interesting audiobooks.

我試著聽有趣的有聲書來減少漫長無聊的通勤時間。

多學點再走！

mitigate 的近義詞是 alleviate（使緩和），反義詞是 aggravate（使惡化）。

★★

(adj.) 令人屏息的、極為美麗的

breathtaking
[`brɛθˌtekɪŋ]

✐ The mountains in southern Spain are a popular tourist destination due to the scenic walks and breathtaking views.

西班牙南部的山脈因景緻優美的步道，以及令人屏息的美景，成為熱門的觀光勝地。

💬 I would like to visit the Greek islands next summer because I've heard the beaches there are breathtaking.

我打算明年夏天要前往希臘小島，因為我聽說那裡的海灘極為美麗。

Day
11

★★

(n.) 行人

pedestrian
[pə`dɛstrɪən]

✐ It is crucial for pedestrians to remember, when visiting a new country, that the traffic sometimes flows in the opposite direction.

步行者到一個新的國家旅行時，重要的是要記住當地的交通行駛方向有時可能是相反的。

💬 Personally, I think it's really important for cars, bicycles, and pedestrians to share the roads responsibly.

就我個人的看法，我認為汽車、自行車和行人在共用道路時帶有責任感是很重要的。

| ★★★ | (n.) 汽車 |

automobile
[`ɑtəməˌbɪl]

✎ Before the **automobile** was invented in the late-19th century, the horse and cart was the primary mode of transport.

在十九世紀末發明汽車之前，馬和馬車曾是主要的交通工具。

💬 My driving license doesn't apply to every kind of **automobile**. I can only drive cars and small vans.

我的駕照並不適用於所有汽車，只能用來駕駛轎車和小型廂型車。

| ★★★ | (n.) 預算 |

budget
[`bʌdʒɪt]

✎ When creating a yearly **budget**, commuters should consider what mode of transport they plan to use on a daily basis.

通勤族在制定年度預算時，必須考慮他們打算每天使用什麼交通工具。

💬 The first time I travelled by myself, I didn't have a good time because I didn't make a proper **budget**.

第一次單獨旅行的時候，因為我沒有抓好預算，所以沒能愉快地旅行。

高分表達！Collocations

an annual budget 年度預算
overspend one's budget 預算超支

| ★★ | (n.)（團體進行的短程）旅行、遠足 |

excursion
[ɪk`skɜʒən]

✎ Cities such as Venice and Prague are popular destinations for young professionals going on cultural weekend **excursions**.

威尼斯和布拉格等城市，對於想享受週末文化之旅的年輕上班族來說，是很熱門的旅行地。

💬 This year, I'm planning more **excursions** to the beach and countryside so that I can de-stress.

今年我計畫要進行更多的海灘與鄉村小旅行，好消除我的壓力。

| ★★★ | (adj.) 不可信的、不可靠的 |

unreliable
[ˌʌnrɪˋlaɪəbəl]

✐ During rush hour, some people prefer to walk or cycle because the public transportation system is notoriously unreliable.

在通勤尖峰時段，有些人偏好步行或騎自行車，這是因為大眾運輸系統出了名的不可靠。

💬 I was surprised by how efficient the train was for getting around considering that people often say it's unreliable.

人們常説火車並不可靠，但我卻對火車運行的高效率感到訝異。

多學點再走！

unreliable 的近義詞是 undependable（不可靠的）和 untrustworthy（不值得信賴的）。

| ★ | (n.) 通行費 |

toll
[tol]

✐ Many are in opposition to expensive tolls because it is argued that they will discourage both commuters and tourists.

許多人反對收取昂貴的通行費，因為他們認為這樣會阻攔通勤族和遊客的到來。

💬 When I travelled to the countryside, I wasn't aware of the toll bridges, so I had to pay a fine.

我到鄉村旅遊時，因為沒注意到過橋要支付通行費，所以得繳納罰金。

高分表達！Collocations

motorway tolls 高速公路通行費
charge tolls 收取通行費
pay tolls 支付通行費

Day
11

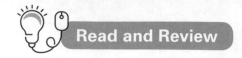
戰勝 IELTS 寫作 Task 2 段落範例

[1]Whether for pleasure or business, via **automobile**, or as a **pedestrian** or a **commuter**, there are countless ways to travel when going to work or going on holiday.

[2]Travelling by foot is, of course, far more **eco-friendly** than driving. [3]It is also more **autonomous**. [4]Moreover, it could allow for pleasantly surprising **excursions** to take in **breathtaking** views. [5]However, when walking, it may be necessary to plan an **itinerary** that involves well-planned rest stops, especially in hot environments, as it is important to stay hydrated and healthy.

[6]While there is no doubt that traveling by **fuel-efficient** car has clear benefits, cars always risk being slowed down by **traffic**. [7]Moreover, when driving, there are additional costs as well. [8]In a car, travel can become far more expensive due to using more fuel while stuck in **congestion**, paying **tolls**, or having unexpected **accidents**. [9]Additionally, since older cars can be **unreliable** on longer trips, some people may pay to rent a newer car when going on holiday. [10]Travellers on a **budget** could **mitigate** any unexpected problems by **familiarizing** themselves with local **infrastructure** and traffic laws.

[11]Lastly, no matter which mode of transport one chooses, it is always important to remember to travel with cultural **sensitivity** and to secure **accommodations**.

[1] 無論是為了遊玩或出差，無論是利用**汽車**或作為**行人、通勤族**，在前往上班或度假時有無數的交通手段可使用。

[2] 當然，步行移動比起開車更加**環保**。[3] 而且也更具**自主性**。[4] 此外，步行還能讓人欣賞到**令人屏息的**景觀，享受驚奇愉快的**旅行**。[5] 不過，步行時攝取水分和維持健康狀態是很重要的，尤其是在炎熱的環境裡，因此必須規劃好包括休息站在內的**旅遊行程**。

[6] 毫無疑問的，利用**燃油效率高的**汽車來旅行具有明確的優點，然而汽車總有因**交通狀況**而變慢的風險存在。[7] 另外，開車也會增加其他開支。[8] 若開車的話，可能會因交通**壅塞**消耗更多燃油、支付**通行費**，以及其他無法預料的**事故**而花更多的費用。[9] 另外，由於老車在長途旅行中並**不可靠**，因此有些人去度假時可能會花錢去租新車。[10] **預算**有限的旅行者，可以藉由**熟悉**當地的**基礎設施**與交通法規，來**減少**突發問題的發生。

[11] 最後，不管選擇什麼交通方式，記住旅行時隨時保持文化**敏感度**，以及確保**住處**是很重要的。

IELTS 7+ 高分進階單字

022 跟著音檔朗讀單字，學習完成在框中打 ✓

- ☐ **carbon footprint** 碳足跡（二氧化碳總排放量）
- ☐ **bike commuter** 自行車通勤族
- ☐ **defensive driving** 防衛駕駛（一種汽車安全駕駛技術）
- ☐ **driving while under the influence** 酒後駕車
- ☐ **eco-friendly modes of transportation** 環保的交通方式
- ☐ **baggage restrictions** 行李限制
- ☐ **budget-conscious** 考量預算的
- ☐ **refund policy** 退款政策
- ☐ **peak hour traffic congestion** 尖峰時間的交通堵塞
- ☐ **privately owned vehicles** 私人車輛
- ☐ **cultural differences and similarities** 文化差異與相似處
- ☐ **cultural norms** 文化規範
- ☐ **congestion charge** 交通擁擠稅
- ☐ **fuel tax** 燃油稅
- ☐ **road rage** 路怒症（發生在馬路上的司機暴力行為）
- ☐ **get behind the wheel** 開車
- ☐ **holidaymakers** 度假中的人
- ☐ **travel on one's own** 單獨旅行
- ☐ **places that are not mentioned in the guidebooks**
  旅遊指南裡沒有提到的地點
- ☐ **travel overseas** 去海外旅行

Business & Money
商業與金融

✓ 勾選出認識的單字，寫上中文意思。

- ☐ manage
- ☐ entrepreneur
- ☐ independence
- ☐ savings
- ☐ lucrative
- ☐ exploitation
- ☐ allowance
- ☐ capitalize
- ☐ dividend
- ☐ expenditure

- ☐ discrimination
- ☐ equality
- ☐ resource
- ☐ finance
- ☐ bankruptcy
- ☐ competition
- ☐ ethic
- ☐ overspend
- ☐ corporation
- ☐ monetary

★★★	(v.) 管理

manage
[`mænɪdʒ]

✍ Learning how to **manage** budgets is key for reaching maturity in young adulthood.
學習管理預算是青少年邁向成熟的關鍵。

💬 I have an app to help me **manage** my money because otherwise I'll just spend it.
我擔心會把錢花掉，所以使用應用程式來管理金錢。

高分表達！Collocations

financially manage 財務管理
successfully manage 成功管理
be difficult to manage 難以管理
manage on your own 自我管理

★★	(n.) 企業家

entrepreneur
[,ɑntrəprə`nɝ]

✍ The government is considering plans to offer small loans to young **entrepreneurs** to help boost economic activity.
政府為了活絡經濟活動，正考慮提供青年企業家小額貸款的計畫。

💬 I think some people at my age don't respect **entrepreneurs** because they think they're just greedy.
跟我同輩的人當中，有些人認為企業家很貪婪，所以並不尊重他們。

★★★	(n.) 獨立、自主

independence
[ɪndɪ`pɛndəns]

✍ More young adults are becoming interested in financial **independence** as jobs grow scarcer and the cost of living continues to rise.
隨著職缺越來越少，生活成本持續上升，越來越多青少年開始嚮往財務自由。

💬 While at university, I didn't have financial **independence** from my parents because I wasn't responsible with my money
上大學時，我因為不負責任地亂花錢，依賴父母金援，無法達到經濟獨立。

| ★ | (n.) 積蓄、存款 |

savings
[ˋsevɪŋz]

✐ Investors are advised to consider their options when choosing a bank in which to deposit **savings**.

投資者在選擇儲蓄銀行時，最好詳細考慮各種選項。

🗨 Before moving to a new country, I think it's really important to think about how much **savings** you'll need.

我認為在移居至新的國家之前，先思考自己需要多少存款真的很重要。

| ★★ | (adj.) 可獲利的 |

lucrative
[ˋlukrətɪv]

✐ While housing investments involve risk, the rewards are **lucrative**.

不動產投資雖然有風險，但其報酬是豐厚的。

🗨 I would argue that working with an experienced business partner can be a **lucrative** opportunity.

我會認為跟經驗豐富的事業夥伴合作，是個可以增加收益的機會。

多學點再走！

lucrative 的近義詞是 profitable（有利潤的）和 commercial（商業性的）。

| ★★★ | (n.) 剝削、壓榨 |

exploitation
[ˏɛksplɔɪˋteʃən]

✐ Maximum working hours were reduced by law in order to help combat **exploitation** at work.

為了防止職場剝削，法律縮短了最長工作時數。

🗨 I feel strongly that more needs to be done to prevent **exploitation** at work.

我強烈認為我們必須做出更多的努力防範職場剝削。

高分表達！ Collocations

economic exploitation 經濟剝削
labour exploitation 勞力剝削
capitalist exploitation 資本主義剝削

(n.) 零用錢

allowance
[əˋlauəns]

✎ While it is reasonable that children should receive an **allowance**, it should only be as a reward for completing a task.

孩子領零用錢雖然是合理的，但應該作為完成作業的獎勵才對。

📝 When I was a kid, I enjoyed spending most of my **allowance** on sweets and video games.

我小時候喜歡把大部分的零用錢花在買糖果和電玩遊戲上。

★★★

(v.) 出資；利用～獲益

capitalise
[ˋkæpɪtəlˌaɪz]

✎ As competition grows, many business ideas do not receive the leverage* they need, as investors are too cautious to **capitalise**.

隨著競爭日益激烈，投資者出資過度謹慎，使許多商業構想無法獲得需要的舉債。

📝 I am scared of losing my job because my company might fall apart if it isn't **capitalised**.

我們公司若沒辦法獲得資金，可能會就此倒閉，所以我很害怕會失去工作。

* leverage（資金槓桿）：公司舉債，擴大投資獲利。

高分表達！Collocations

capitalise on ～ 利用～獲利
be capitalised 獲得資金

★★

(n.) 紅利、股息

dividend
[ˋdɪvəˌdɛnd]

✎ When someone loses their job, they should be paid the full amount of their **dividend**, relative to their shares.

當有人失去他們的工作時，他們應該得到與其持有股份相當的全部股息。

📝 The amount of money I received from my **dividends** was helpful when I wanted to retire.

當我想退休時，從紅利中得到的錢對我很有幫助。

(n.) 支出、費用

expenditure
[ɪk`spɛndɪtʃə]

✍ When a business examines its profits, it is important that it looks at its overall expenditure to achieve a balanced picture.

當企業在計算收益時,重要的是要查看整體支出以取得平衡。

💬 I'm trying to limit my weekly expenditure because I'm saving up to put a deposit on a house.

我試著限制自己每週的支出,因為我正在為房子的保證金存錢。

高分表達!Collocations

gross expenditure 總支出
excessive expenditure 過度支出
estimated expenditure 預算支出
actual expenditure 實際支出
expenditure arising from ~ 源自於~的支出

★★★

(n.) 歧視

discrimination
[dɪˌskrɪmə`neʃən]

✍ Reserving a certain number of prominent positions for female employees will greatly aid in the fight against workplace discrimination.

為女性職員保留一定數量的重要職位,將大大有助於打擊職場上的歧視。

Day
12

💬 In my opinion, I don't think you can understand discrimination properly until you've experienced it yourself.

就我看來,除非你親身經歷過,否則是無法真正理解歧視這個現象。

高分表達!Collocations

job discrimination 工作歧視
widespread discrimination 普遍歧視
levels of discrimination 歧視的程度
experience discrimination 經歷歧視
ban discrimination 禁止歧視
combat discrimination 打擊歧視

(n.) 平等、均等

equality
[ɪˋkwɑləti]

✍ Nowadays, it is common for companies to hold workshops about **equality** to ensure everyone is treated fairly at work.

為了確保所有人都能在職場中得到公平對待,近來公司普遍會舉辦關於平等的研討會。

💬 **Equality** is very important to me because I think employers should make sure their employees feel respected.

平等對我來說相當重要,因為我認為僱主必須確保員工有被尊重的感覺。

高分表達！Collocations

racial equality 種族平等
gender equality 男女平等
equality of opportunity 機會均等

★★★

(n.) 資源、財源

resource
[rɪˋsɔrs]
[ˋrɪsɔrs]

✍ When trying to save costs, it is crucial that enterprises carefully examine how their **resources** are allocated.

想要節省經費時,企業必須仔細檢視他們的資源是如何分配的。

💬 When I started my first job, I didn't get trained properly because the company didn't have adequate **resources**.

在我開始第一份工作時,我並沒有得到適當的培訓,因為公司沒有足夠的資源。

高分表達！Collocations

considerable resources 大量的資源
vital resources 必要的資源
limited resources 有限的資源
capital resources 資本、財力資源
information resources 資訊資源

★★★	(n.) 財務、財政；資金

finance
[ˋfaɪˌnæns]

✎ As small businesses grow, there is a larger need to hire specialists such as accountants to care for their **finances**.

小規模企業隨著公司成長，聘請會計師等專業人士來管理資金的需求也跟著增加。

💬 Personally, I think that big corporations should make their yearly **finances** more transparent to consumers.

就個人而言，我認為大企業應該更透明地向消費者公開他們的年度財政狀況。

★	(n.) 破產

bankruptcy
[ˋbæŋkrəptsi]

✎ One of the unfortunate consequences of **bankruptcy** is that, often, companies cannot afford to offer compensation to their former employees.

破產令人遺憾的結果之一，是公司通常無力向之前的員工提供補償。

💬 I find investment a bit intimidating because it's very risky and I'd be scared of **bankruptcy** or losing money.

我覺得投資有點令人害怕，因為它的風險很高，讓我擔心會破產或虧本。

Day
12

★★★	(n.) 競爭

competition
[ˌkɑmpəˋtɪʃən]

✎ Economists agree that businesses benefit from rivals offering the same services, because **competition** drives growth.

經濟學家贊同企業能從提供相同服務的對手那裡得到助益，因為競爭能刺激成長。

💬 I'm not brave enough to start my own company because there is too much **competition**, causing many new businesses to fail quickly.

因為競爭太激烈，導致許多新創公司很快遭遇失敗，所以我沒有勇氣開設自己的公司。

| ★★ | (n.) 倫理、道德 |

ethic
[ˋɛθɪk]

✐ The common feature that is shared by all successful businesspeople is that they all have a strong, dedicated work **ethic**.

所有成功的企業家都具備共同的特質，那就是他們都有著剛毅且敬業的職業道德。

💬 The more I grow up, the more I learn about how important it is to have a dedicated work **ethic**.

隨著成長，我更懂得具備敬業的職業道德有多重要。

| ★★ | (v.) 過度花費、超支 |

overspend
[ˌovɚˋspɛnd]

✐ During times of economic difficulty, governments come under more scrutiny for **overspending** public money.

在經濟不景氣的時期，政府必須接受更嚴格的審查以避免公款超支。

💬 After a fun weekend, I looked at my bank account and felt disappointed that I **overspent**.

度過一個愉快的週末後，我看著自己的銀行帳戶，對自己過度花費感到失望。

| ★★ | (n.)（大規模的）企業 |

corporation
[ˌkɔrpɚˋreʃən]

✐ There is a common argument that modern **corporations** should have an ethical approach to how they carry out business.

對於現代企業的事業經營方式，普遍主張應該採取合乎倫理的方法。

💬 I believe that **corporations** should pay heavier taxes; it's unfair they earn so much and pay so little.

我認為大企業應該付更多稅金，因為他們賺了那麼多錢，卻只繳那麼一點點是不公平的。

高分表達！Collocations

private corporations 私營企業
public corporations 公營企業
global corporations 跨國企業

(adj.) 貨幣的

monetary

[ˋmʌnəˌtɛri]

✎ Arguably, children do not understand the **monetary** value of hard work, so they should be given lessons in school about economics.

可以說孩子們並不瞭解努力工作的金錢價值,因此他們在學校應該要學習關於經濟的課程。

💬 In economics class, I never fully understood the difference between **monetary** policy and fiscal policy.

在經濟學的課堂上,我並沒有完全理解貨幣政策與財政政策的差異。

Day
12

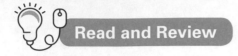

戰勝 IELTS 寫作 Task 2 段落範例

[1]Young **entrepreneurs** have many factors to assess when **managing** their own **finances**. [2]On the one hand, with the right **resources** and a determined work **ethic**, there are **lucrative** money-making opportunities. [3]On the other hand, there are real dangers of being outdone by the **competition** or of wasting hard-earned **savings** by **overspending**.

[4]From a young age, aspiring investors can start early by putting aside **allowance** received from their parents. [5]Moreover, as a teenager with **monetary** concerns, through part-time work, it is possible to plan for financial **independence**.

[6]Furthermore, developing a young career in business, some may choose to **capitalise** on a joint project with other budding investors. [7]From minor **expenditure** in small groups to joining a **corporation**, there are more and more profitable investment opportunities, such as when shareholders are awarded with **dividends** for their hard-work.

[8]However, there are parts to a career in business that are not as glamorous. [9]There are some that believe that **exploitation** and **discrimination** are unavoidable in the system of capitalism. [10]Therefore, it is the responsibility of businesspeople to uphold **equality** in the workplace. [11]Lastly, there is always the risk of loss of capital and ultimately **bankruptcy**.

[1] 年輕**企業家**在**管理**他們的**財務**狀態時，有許多需要評估的要素。[2] 一方面，若具備適當的**資源**，以及堅定的職業**道德**，就會出現**可獲利的**賺錢機會。[3] 另一方面，也存在著現實的危機，例如在**競爭**中遭到淘汰，或因**過度支出**而將辛苦賺來的**儲蓄**浪費掉。

[4] 將來想成為投資者的人，可以從小開始將父母給的**零用錢**另外存起來，儘早開始準備。[5] 另外，具有**金錢**概念的青少年，有可能藉由打工來計畫經濟**獨立**。

[6] 此外，從小累積商業閱歷的人們，有些人可能會與其他新銳投資者共同合作，**從中獲利**。[7] 從小規模組織的少量**支出**到成為**大企業**，會有越來越多可獲利的投資機會，例如辛勤工作而獲得**紅利**等。

[8] 然而，在商業生涯中，也有不那麼迷人的部分。[9] 有些人相信，在資本主義的制度下，**剝削**和**歧視**是無可避免的。[10] 因此，追求職場中的**平等**是企業家的責任。[11] 最後，投資隨時都存在著虧本和最終**破產**的風險。

Day
12

IELTS 7+ 高分進階單字

024 跟著音檔朗讀單字，學習完成在框中打 ✓

☐ **pay off outstanding credit card bills** 付清逾期的信用卡費

☐ **equal pay** 同工同酬

☐ **receive pocket money** 收到零用錢

☐ **disposable income** 可支配所得

☐ **live within one's means** 謹守本分生活

☐ **economically competitive** 具經濟競爭力的

☐ **impulse purchases** 衝動購買

☐ **take regular breaks** 定期休息

☐ **financial compensation** 財務補償

☐ **move up the ranks in the company** 在公司中晉升

☐ **performance review** 績效考核

☐ **convenience store** 便利商店

☐ **maternity leave** 產假

☐ **a mom and pop store** 小店、小規模自營業者

☐ **angel investors** 新創公司投資者

☐ **financial independence** 經濟獨立（財務自由）

☐ **financial common sense** 金融常識

☐ **company finances** 公司資金

☐ **considerable amounts of yearly budgets** 大量的年度預算

☐ **living costs** 生活成本

Job & Work
工作與職涯

✓ **勾選出認識的單字，寫上中文意思。**

- [ ] morale
- [ ] exhaustion
- [ ] vacancy
- [ ] colleague
- [ ] occupation
- [ ] maintain
- [ ] rapport
- [ ] expertise
- [ ] dismissal
- [ ] value

- [ ] balance
- [ ] productivity
- [ ] tardiness
- [ ] loneliness
- [ ] punctual
- [ ] flexibly
- [ ] bias
- [ ] performance
- [ ] self-employed
- [ ] recruitment

morale
[mə`ræl]

(n.) 士氣、鬥志

✎ Initiatives such as an'Employee of the Month'award are good for keeping up **morale** in the workplace.
像「本月最佳員工」這類的嘉獎，有助於維持職場工作環境的士氣。

💬 In my office, the work is very stressful and everyone is tired, so **morale** is very bad.
我們辦公室裡的士氣非常低落，因為工作太辛苦，大家都累了。

高分表達！ Collocations

raise morale 提升士氣
lower morale 打擊士氣

★★★

exhaustion
[ɪg`zɔstʃən]

(n.)（身心的）極度疲勞、精疲力盡

✎ In stressful professions with long hours, such as jobs in medicine, law, or banking, **exhaustion** is a common problem.
在醫學、法律、銀行等工時長又高壓的行業中，身心疲勞是普遍的問題。

💬 I think weekends and time away from work are crucial to stop workers from developing **exhaustion**.
我認為周末休假很重要，可以防止員工精疲力盡。

★★

vacancy
[`vekənsi]

(n.) 缺額、空位

✎ Many recruiters would agree that current employees should not know about **vacancies** in their company until they have been filled.
許多招聘人員都贊同在職缺填補好之前，不應該讓現有員工知道公司的職位空缺。

💬 I saw a **vacancy** in the shop window, so I applied and got the position the same day!
我看到商店櫥窗上的職缺消息就去應徵了，而且當天就被錄用了！

(n.) 同事

colleague
[`kɑlig]

✎ When deciding on a new job, socialising with **colleagues** is an important factor in addition to the work itself.

在決定新工作時，除了工作本身之外，同事間的交流也是重要的考量因素。

💬 My favourite part of my new job is that I get along really well with my **colleagues**.

對於我的新工作，我最滿意的一點就是我跟同事之間真的處得很好。

★★★

(n.) 職業

occupation
[ˌɑkjʊˋpeʃən]

✎ Without the right guidance, young adults are often indecisive about how to choose the right **occupation**.

若沒有正確的引導，年輕人通常會對該如何選擇適當的職業感到猶豫不決。

💬 Personally, I believe that it's very important for people to take satisfaction from their **occupation**.

就個人而言，我認為人們從自己的職業中獲得滿足是很重要的。

高分表達！ Collocations

a male occupation 男性為多數的職業（男性主導的行業）
a female occupation 女性為多數的職業（女性主導的行業）

★★★

(v.) 維持

maintain
[menˋten]

✎ Managers can organise team bonding exercises to **maintain** a healthy group ethic which, in turn, helps boost morale at work.

管理者可舉辦團隊凝聚力活動以維持健全的組織倫理，另一方面，這也有助於鼓舞工作士氣。

💬 Working for myself from home, I find it's really important to **maintain** good habits through routine and organisation.

我自己在家工作，便發現透過規律的生活和系統來維持良好習慣是很重要的。

(n.) 良好、密切關係

rapport

[ræˋpɔr]

✒ Establishing a good **rapport** with coworkers through communication is essential for a harmonious and productive work environment.

藉由溝通與同事建立良好關係,對於創造和諧與高效率的工作環境是至關重要的。

💬 I left my old job because I found it difficult to maintain a good **rapport** with my boss.

我辭掉上份工作,因為很難跟上司維持良好的關係。

高分表達!Collocations

establish a close rapport with somebody
與某人建立密切關係

★★★

(n.) 專門技能知識

expertise

[ˏɛkspəˋtiz]

✒ While organisation and communication skills are important, a job candidate's **expertise** in a given field is more important.

雖然組織能力和溝通技巧很重要,但求職者在該領域的專門知識更重要。

💬 I think it is worth spending time gaining more qualifications to gain **expertise** within a specific area.

我認為投入時間取得更多證照資格,以培養特定領域的專門知識是值得的。

★★

(n.) 解僱

dismissal

[dɪsˋmɪsəl]

✒ When organisations need to make their operations more efficient, **dismissal** of employees is one of the first possible solutions.

當組織需要提升營運效率時,解僱員工是初步可能的解決方案之一。

💬 I appreciate that it is sometimes unavoidable, but bosses need to take **dismissal** of hard-working staff members very seriously.

我能理解解僱有時是無可避免的事,但上司應該更嚴肅看待解僱辛勤工作的員工這件事。

★★★

value
[`vælju]

(n.) 價值

✐ The **value** of hard work cannot be underestimated if you hope to have a successful career.
若你想在職涯成功，就不能低估辛勤工作的價值。

💬 I don't think enough people respect the **value** of being friendly and supportive to their workmates.
我認為沒有多少人重視到親切地善待同事並給予支持的價值。

高分表達！ Collocations

immense value 重大價值
practical value 實質價值
attach a value to something 賦予某事物價值

★★★

balance
[`bæləns]

(n.) 平衡　(v.) 保持平衡

✐ Learning how to maintain a **balance** between personal and professional commitments is a skill that takes time to develop.
學習如何在私生活與工作之間取得平衡，是需要花很多時間培養的技能。

💬 Because my job is so busy at the moment, it's hard to **balance** it with other parts of my life.
我目前的工作太忙，很難跟生活其他部分保持平衡。

高分表達！ Collocations

maintain a balance 保持平衡
ideal balance 理想的平衡
proper balance 適當的平衡
nutritional balance 營養均衡
the balance between (A) and (B) A 與 B 間的平衡
try to balance 設法維持平衡
manage to balance 能夠達到平衡
carefully balance 謹慎地保持平衡

Day
13

★★	(n.) 生產力

productivity

[ˌprodʌkˈtɪvəti]

 Some modern workplaces are considering banning the use of social media in the office because it inhibits **productivity**.

有些現代職場正在考慮禁止在辦公室內使用社群媒體，因為它會抑制生產力。

For me, personally, if I'm too stressed and overworked, it has a negative effect on my **productivity**.

就我個人來說，如果壓力過大或過度疲勞，會對我的生產力造成負面影響。

高分表達！Collocations

high productivity 高生產力
levels of productivity 生產力水準
increase productivity 增加生產力
improve productivity 提升生產力

★★	(n.) 遲到

tardiness

[ˈtɑrdɪnəs]

Most employers would agree that workers with regular issues of **tardiness** will be unable to achieve a promotion.

大多數的僱主都同意，有經常性遲到問題的員工是不可能升職的。

When I started my first job, I had problems with **tardiness**, so I got fired within the first month. Now, I am never late.

在我開始第一份工作的時候，曾因遲到的問題而在第一個月之內就被開除。現在，我絕對不會再遲到了。

多學點再走！

tardiness 近義詞有 unpunctuality（不守時的）和 lateness（晚、遲到），反義詞有 punctuality（準時）。

★	(n.) 孤獨

loneliness
[`lɒnlɪnɪs]

✎ It is the duty of team members to ensure that no one is experiencing emotional issues, such as **loneliness**.
確保沒有任何人遭遇孤獨之類的情緒問題，是團隊成員們的義務。

💬 When I moved to a new city for my job, I struggled with **loneliness** because I didn't know anyone.
當我因為工作關係搬到新的城市時，曾因為不認識任何人而飽受寂寞之苦。

高分表達！ Collocations

cause loneliness 導致孤獨
experience loneliness 經歷寂寞

★★	(adj.) 守時的

punctual
[`pʌŋktʃuəl]

✎ In any job, being **punctual** is crucial because, if employees are late, it has a negative effect on the other team members.
無論做任何工作，守時都是必需的，因為若有員工遲到，便會對其他同事造成負面影響。

💬 One of the biggest things to remember for a job interview, in my opinion, is to be **punctual**.
我認為面試時必須牢記，最重要的一點就是守時。

Day
13

★★	(adv.) 靈活地、彈性地

flexibly
[`flɛksɪbli]

✎ Modern technology has enabled many people to work more **flexibly** than ever before.
現代技術使許多人比以往任何時候更靈活地工作。

💬 I have never enjoyed jobs where I couldn't **flexibly** balance my life with my workload.
我從來都不喜歡那種無法彈性地在生活與工作之間取得平衡的工作。

| ★★★ | (n.) 偏見 |

bias

[ˋbaɪəs]

✍ To ensure that the selection process is fair when hiring for new positions, recruiters should avoid any personal **bias**.

招聘新員工時，為了確保甄選過程的公正，招聘人員應該摒除任何的個人偏見。

💬 I think that **bias** is a more important issue in some jobs compared to others, such as in journalism or education.

我認為與其他職業相比，偏見在新聞、教育等行業中是更加重要的議題。

| ★★ | (n.) 業績、成果 |

performance

[pɚˋfɔrməns]

✍ I've been distracted recently by personal problems at home which are affecting my **performance** at work.

最近我因為家中發生的個人問題而分心，因此影響了我在工作上的表現。

💬 I learn how to improve my weaknesses during work **performance** evaluations, so i think they're helpful.

我從工作績效評估中學到改善缺點的方法，因此我認為績效評估是有益的。

| ★ | (adj.) 從事自營業的 |

self-employed

[ˌsɛlfɪmˋplɔɪd]

✍ When you are **self-employed**, you have a great deal of independence, which means it is important that you practise self-discipline and self-motivation.

當你從事自營業的時候，你能享有極大的自由，但這也意味著實踐自律和自我激勵是很重要的。

💬 My dream is to use the Internet to become **self-employed** and make a living working from home.

我的夢想是能利用網路成為自營業者，並能在家工作維持生計。

recruitment

[rɪˋkrutmənt]

(n.) 招聘

✍ To be stable and successful, companies need to have skilled, enthusiastic staff, which is why **recruitment** is crucial.

為了穩定營運和取得成功,公司需要擁有專業且熱情的員工,這就是為什麼招聘工作如此重要的原因。

💬 I think **recruitment** isn't just about finding skilled workers, but also about finding people with the right attitudes.

我認為招聘不只是為了找到專業職員,更要尋求擁有正確態度的人。

多學點再走!

recruitment 是不可數名詞,因此不能寫成 a recruitment 或 recruitments。

Day
13

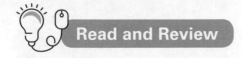

戰勝 IELTS 寫作 Task 2 段落範例

¹In the world of work, no matter what **occupation** or **expertise** people have, there needs to be a good **rapport** between employers and employees. ²To ensure peak **performance** and healthy **morale**, it is essential to have a good understanding between bosses and workers.

³On the one hand, managers have an expectation that members of staff are organised and **punctual**. ⁴Moreover, employers also **maintain** the right of **dismissal** of employees due to **tardiness** or if they are not skilled enough for their job.

⁵On the other hand, workers expect from their bosses that they can feel **value** in their work. ⁶Also, it is reasonable to want a healthy work-life **balance** and to manage their own workloads **flexibly** to avoid **exhaustion**.

⁷More broadly, companies have a responsibility to ensure efficient **recruitment**, making sure that **vacancies** are filled as quickly as possible to avoid stressful staff shortages. ⁸Another important issue is teamwork between **colleagues**. ⁹Especially in big organisations, there is the risk of **loneliness** if the workplace is not social. ¹⁰Also, communication can help employees avoid **bias** in their work by seeking a second perspective.

¹¹Ultimately, **productivity** is the most fundamental aim in any profession, from executives, to cleaners, to the **self-employed**.

¹ 在工作的世界裡，無論人們擁有什麼**職業**或**專門知識**，僱主和員工間都必須有**良好的關係**。² 為了確保最佳的**績效**和良好的**士氣**，管理者與員工彼此互相理解是至關重要的。

³ 一方面，管理者希望員工做事有條理，並且**守時**。⁴ 此外，如果員工**遲到**或能力不足以應付工作的話，僱主也**保有解僱**他們的權利。

⁵ 另一方面，員工希望管理者能讓自己感到在職場中的**價值**獲得肯定。⁶ 此外，希望能維持工作與生活的健康**平衡**，以及能**靈活地**管理自己的工作量以避免**過勞**也是合理的。

⁷ 更廣泛地來說，公司要避免造成壓力的員工短缺狀態，所以有責任確保有效**招聘**以盡快補足**缺額**。⁸ 另一個重要的問題，是**同事**之間的團隊合作。⁹ 尤其在大型組織中，如果工作場所無法社交的話，便存在著**孤獨**的風險。¹⁰ 另外，溝通能讓員工獲得新觀點以避免在工作上抱持**偏見**。

¹¹ 最終，無論在何種行業裡，從企業高階主管到清潔工、**自營業者**，**生產力**都是最基本的目標。

Day
13

IELTS 7+ 高分進階單字

026 跟著音檔朗讀單字，學習完成在框中打 ✓

- ☐ **maintain a work-life balance** 維持工作與生活的平衡
- ☐ **job opportunities** 就業機會
- ☐ **full-time position** 正職
- ☐ **appropriate interview attire** 適當的面試服裝
- ☐ **flexible work schedule** 有彈性的工作時間
- ☐ **commuting time** 上下班時間
- ☐ **minimum wage hikes** 最低薪資上漲
- ☐ **call in sick** 打電話請病假
- ☐ **a high-paying job** 高薪的工作
- ☐ **labour market** 勞動市場
- ☐ **sick pay** 帶薪病假
- ☐ **pay stub** 薪資明細表
- ☐ **working conditions** 工作環境
- ☐ **verbal abuse** 言語暴力
- ☐ **well-educated graduate** 受過良好教育的畢業生
- ☐ **a mandatory quota** 強制配額
- ☐ **the jobs involving manual labour** 需要體力勞動的職業
- ☐ **women-dominated professions** 女性主導的職業
- ☐ **jobseeker** 求職者
- ☐ **a highly competitive job market** 競爭激烈的就業市場

Language
語言

✓ 勾選出認識的單字，寫上中文意思。

☐ absorb	☐ cognitive
☐ knowledge	☐ barrier
☐ fluency	☐ minority
☐ linguistic	☐ tongue
☐ nuanced	☐ identity
☐ converse	☐ familiar
☐ active	☐ articulate
☐ dialect	☐ dormant
☐ multilingual	☐ colloquial
☐ extinction	☐ agile

absorb
[əb`zɔrb]

★★★

(v.) 吸收

✎ Most linguists agree that the most efficient way to **absorb** a language is to be constantly exposed to it.

大部分的語言學家都同意，要吸收一種語言最有效的方法就是持續接觸它。

🗨 I moved to Japan so that I could **absorb** the Japanese language on a daily basis.

我搬到日本以便每天都能吸收日語。

高分表達！Collocations

readily absorb 立即吸收
easily absorb 容易吸收
passively absorb 被動地吸收

---

knowledge
[`nɑlɪdʒ]

★★★

(n.) 知識

✎ Countless studies have shown that holidaymakers found their trip abroad far more satisfying when equipped with **knowledge** of a second language.

有許多研究顯示，當觀光客具備第二外語的知識時，他們對海外旅遊的滿意度會更高。

🗨 For jobseekers, **knowledge** of a second language can make them far more attractive to employers.

對於求職者而言，擁有第二外語的知識，能讓他們在僱主面前顯得更有優勢。

高分表達！Collocations

scientific knowledge 科學知識
technical knowledge 技術知識
personal knowledge 透過個人經驗獲得的知識
basic knowledge 基本知識
linguistic knowledge 語言知識
expert knowledge 專門知識
superficial knowledge 淺薄的知識
acquire knowledge 獲得知識
broaden knowledge 擴充知識
apply knowledge 應用知識

(n.) 流利、流暢

fluency
[`fluənsɪ]

✐ Neuroscientists strongly assert that **fluency** in two or more languages is greatly beneficial for cognitive processes.

神經科學家強烈主張能流利使用兩種以上的語言，對於認知過程有極大的助益。

💬 I think it's hard to reach **fluency** in a foreign language if you can't find time to practise.

我認為若是抽不出時間練習的話，要讓外語達到流利水準是很困難的。

高分表達！Collocations

acquire fluency 達到流暢
fluency in ~ 能流利說~（某語言）

★★

(adj.) 語言的、語言學的

linguistic
[lɪŋ`gwɪstɪk]

✐ Developing **linguistic** skills in childhood leads to numerous educational benefits and a greater chance of fluency at a later age.

在幼年期發展語言技巧，能為往後帶來許多教育優勢，並且更有機會達到語言流暢。

💬 I've always had a scientific brain, not a **linguistic** brain, which is why I'm bad at languages.

我有科學的大腦，而非語言的大腦，這就是為什麼我不擅長語言。

Day
14

★

(adj.) 有細微差異的

nuanced
[`njuɑnst]

✐ Research has shown that more **nuanced** details can only be learnt through long-term, daily immersion within a language.

根據研究顯示，只有每天長時間沉浸於某種語言，才能學到更多細微差異的語言細節。

💬 I didn't learn about the more **nuanced** aspects of Japanese language and culture until I moved to Tokyo.

直到我搬到東京後，我才學到日語與日本文化層面中更多的細微差異。

(v.) 對話

converse
[kən`vɜs]

One of the first aims when learning a new language is to be able to **converse** using simple, short sentences.

學習一種新語言時，一開始的其中一個目標就是能使用簡單的短句進行對話。

My aim when learning English is to be able to **converse** with a native speaker for more than a few minutes.

我學英文的時候，目標就是希望能和母語者進行幾分鐘以上的對話。

多學點再走！

以下為 converse 的近義詞：
- talk 說話、聊天
- speak 說話、使用（語言）、演說
- chat 閒聊
- have a conversation 交談
- discourse on ~ 對於～展開論述

★★

(adj.) 活躍的、積極的

active
[`æktɪv]

Research shows that learning another language helps maintain an **active** and healthy brain.

根據研究顯示，學習其他語言有助於讓大腦維持活躍和健康。

When I was learning a new language, I found it important to be **active** with my daily practice.

我學習新的語言時，發現每天積極練習是很重要的。

★★

(n.) 方言

dialect
[`daɪəlɛkt]

The precise difference between **dialects** and languages is controversial.

對於方言和語言之間的明確區別，有著很多爭議。

I found it easy, after I learnt the main language, to learn different Spanish **dialects**.

我發現在學習主要語言之後，再學習其他西班牙方言就變容易了。

(adj.) 使用多種語言的

multilingual

[ˌmʌltɪˋlɪŋgwəl]

✏️ Children who are raised by parents from different linguistic or national backgrounds tend to grow up to be **multilingual**.

孩子由不同語言或國家背景的父母撫養，長大往往會說多種語言。

💬 One of my goals in life is to be comfortably **multilingual** before I get too old.

我的人生目標之一，就是在變老之前能夠自在地使用多種語言。

★★★

(n.) 絕種、滅絕

extinction

[ɪkˋstɪŋkʃən]

✏️ Endangered languages are under threat of **extinction** due to an insufficient number of people needing or wanting to learn them.

瀕危語言是因為有需要或有意願學習該語言的人數不足，才會處於滅絕的危機之中。

💬 It's useful to learn a language that has gone into **extinction**, even if you can't use it in daily life.

即使無法在日常生活中使用，但學習滅絕的語言還是很有用的。

高分表達！Collocations

be in danger of extinction 處於絕種危機（瀕臨絕種）

Day
14

★★★

(adj.) 認知的

cognitive

[ˋkɑgnətɪv]

✏️ The language learning process can have a significant effect on the learner's problem-solving and **cognitive** skills.

語言學習過程能對學習者的問題解決能力和認知能力造成深遠的影響。

💬 I am amazed by my overall **cognitive** improvement, in all areas of my life, since I started learning French.

自從我開始學法語後，在生活各層面的整體認知能力有所提升。對此我感到驚訝。

barrier
[ˋbærɪər]

(n.) 隔閡、障礙

✐ When people emigrate to a new country, the language **barrier** is the most prominent factor inhibiting them from settling in.

當人們移民到一個新國家時，妨礙他們適應的最主要原因就是語言隔閡。

💬 I think that lack of clear motivation is often a **barrier** when learning a language.

我認為缺乏明確的動機是學習語言時常見的障礙。

> **多學點再走！**
>
> barrier 的近義詞有 limit（限制）、bound（邊界、界線）和 hurdle（障礙物），反義詞則有 help（幫助）和 assistance（幫助、援助）。

★

minority
[maɪˋnɔrətɪ]

(n.) 少數、少數族群

✐ People from ethnic **minority** communities find that speaking their native language keeps them tied to their culture.

少數民族使用母語會讓他們感覺與自身的文化連繫在一起。

💬 I've only met a small **minority** of people who have no desire to learn a different language.

我只遇過極少數的人完全不想學習其他語言。

★★★

tongue
[tʌŋ]

(n.) 語言；舌頭

✐ Immigrant communities try to maintain knowledge of their mother **tongue** to stay connected to their native culture.

在移民社區中，他們努力延續有關母語的知識，以維繫與祖國文化的連結。

💬 While learning a new language, I found that it was important to think about how my **tongue** moved to get the pronunciation right.

在學習新的語言時，我發現重要的是去思考舌頭要怎麼移動才能發出正確的音。

(n.) 身分認同

identity
[aɪ`dɛntəti]

✏️ A language means far more than a means of communication: it has a strong connection with the culture, history and identity of those who speak it.

語言的意義不只是溝通方式，它與文化、歷史及其語言使用者的身分認同有著強烈的聯繫。

💬 People are proud of speaking their original language because they believe it represents their identity.

人們以使用自己的母語為傲，是因為他們相信語言代表了他們的身分認同。

高分表達！ Collocations

establish one's identity 建立某人的身分認同
preserve one's identity 保留某人的身分認同
protect one's identity 保護某人的身分認同
an identity crisis 身分認同危機
cultural identity 文化認同

★★★

(adj.) 熟悉的

familiar
[fə`mɪljə]

✏️ It is difficult to feel at home when moving to a new country without being familiar with the local language.

在不熟悉當地語言的情況下移民到新的國家，是很難有家的感覺的。

💬 I've never formally been taught French, but I've become familiar with it by watching French films.

我雖然沒有正式學過法語，但是透過看法國電影熟悉了這個語言。

Day
14

高分表達！ Collocations

be familiar with ~ 熟悉～

(v.) 明確表達（想法或感情）

articulate
[ɑr`tɪkjʊˌlet]

✎ Students find that they are better able to **articulate** themselves in their own language once they learn a new one.

學生們發現在學了新的語言之後，變得能更明確地用母語表達個人意見。

💬 I can't **articulate** myself properly using translation tools and pictures, which is why I wanted to learn a new language.

使用翻譯機或圖畫並無法讓我明確表達我的想法，這就是我想學習新語言的原因。

★

(adj.) 暫停活動的、沉睡的

dormant
[`dɔrmənt]

✎ Modern Hebrew is an example of a language that was once **dormant** but is now spoken by millions of people.

現代希伯來語曾經是一度沉睡，但如今有數百萬人使用的語言。

💬 Personally, I think the idea of **dormant** languages is sad, because it means no one speaks them anymore.

就我個人來說，我認為沉睡的語言這個概念有點悲傷，因為那表示再也沒有人使用它們了。

★★★

(adj.) 口語的

colloquial
[kə`lokwɪəl]

✎ For a student of a new language, learning **colloquial** phrases is interesting and beneficial, but not integral for basic communication.

對於接觸新語言的學生，學習口語化的片語是有趣且有益的，但針對基本溝通並非必需要件。

💬 I really enjoy learning **colloquial** sayings in a new language because then I feel like a real native speaker.

我覺得學習新語言的口語用法真的很有趣，因為感覺更像個真正的母語者。

★★	(adj.)（思考）敏捷的、機靈的

agile

[ˋædʒaɪl]

✎ Taiwanese people who attempt to learn languages such as English should have particularly **agile** minds to cope with the complexity.

想要學習英語等外語的台灣人，必須具備特別敏捷的思考以應對其複雜性。

💬 After hours of Russian lessons, my mind felt far from **agile**, as the language is so complicated.

學了幾小時的俄文，我覺得這種語言實在是太複雜了，我的腦袋都打結了。

多學點再走！

agile 的近義詞有 alert（機敏的）和 perceptive（具洞察力的、敏銳的），反義詞有 dull（遲鈍的、呆滯的）和 lethargic（無生氣的）。

Day
14

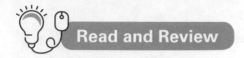
戰勝 IELTS 寫作 Task 2 段落範例

[1]There are many benefits to learning a language, both **linguistic** and **cognitive**.

[2]Firstly, **fluency** in a foreign **tongue** allows communication with native speakers. [3]For people who want to travel to or work in different countries, being **familiar** with the local language, enough to **converse**, is essential. [4]Without a basic **knowledge** of the language, there is a significant **barrier** to communication. [5]Moreover, the ability to **absorb** the culture is based largely on knowing the language. [6]**Dialect** is strongly connected to the culture, especially to **minority** or **identity**. [7]However, without real immersion in a culture, it is difficult to pick up slang or **colloquial** phrases.

[8]Furthermore, **multilingual** speakers tend to have more **agile** problem-solving skills. [9]Learning a language strengthens neural connections, helping overall mental performance. [10]Once someone has learnt a new language, they often are able to **articulate** themselves more clearly in their mother tongue as well. [11]In addition to this, learning a **dormant** language, such as Latin or Greek, also helps, because many words have their roots in these ancient vernaculars. [12]So, even learning languages that have gone into **extinction** can aid cognitive function.

¹ 學習語言在**語言學**及**認知**方面都具備許多好處。

² 首先，外**語流利**便能與母語者交流。³ 對於想去其他國家旅遊或工作的人來說，**熟悉**當地語言到足以**對話**的程度是很重要的。⁴ 若不具備語言的基本**知識**，會對溝通造成很大的**阻礙**。⁵ 此外，**吸收**文化的能力大多是以對語言的瞭解為基礎。⁶ **方言**與文化密切相關，特別是與**少數民族**或地域**認同**有關。⁷ 然而，若沒有真正投入於文化中，是很難理解俚語或**口語**表達的。

⁸ 此外，**使用多種語言的**人通常具有更**敏捷的**解決問題能力。⁹ 學習語言能強化神經連結，並提升整體的大腦能力。¹⁰ 人們學習了新的語言，通常也會變得能用母語更**明確地表達**個人想法。¹¹ 除此之外，學習拉丁語或希臘語等**沉睡的**語言也有所幫助，因為多單字源自這些古老語言。¹² 因此，即使是學已經**滅絕**的語言也會對認知能力有幫助。

Day
14

IELTS 7+ 高分進階單字

🎧 028 **跟著音檔朗讀單字，學習完成在框中打 ✓**

☐ **hidden meanings** 隱藏意義

☐ **unfamiliar words** 不熟悉的單字

☐ **acronym** 首字母縮寫

☐ **jargon**（特定領域的）專門術語

☐ **stuttering** 結巴的

☐ **a language learning process** 語言學習過程

☐ **knowledge of a second language** 外語知識

☐ **fluency in a foreign language** 外語的流利度

☐ **monolinguist** 單一語言使用者

☐ **minority language** 少數語言

☐ **language barrier** 語言隔閡

☐ **minority speaker** 少數語言

☐ **the rich cultural life associated with the language**
與語言相關的豐富文化生活

☐ **cultural identity** 文化認同

☐ **linguistic skills** 語言能力

☐ **multilingual country** 多語言國家

☐ **the mother tongue** 母語

☐ **the mental challenge of memorising grammar rules**
背文法規則的心理困難

☐ **the benefits provided by taking the time and effort to learn a foreign language** 投資時間和心力學習外語所獲得的好處

☐ **practise speaking a foreign language** 練習說外語

Tourism & Globalisation
觀光與全球化

029

✓ **勾選出認識的單字，寫上中文意思。**

- ☐ ecotourism
- ☐ dilute
- ☐ uniformity
- ☐ trade
- ☐ profitable
- ☐ seasonal
- ☐ off-limits
- ☐ consumerism
- ☐ unprecedented
- ☐ picturesque

- ☐ rapidly
- ☐ multinational
- ☐ integrate
- ☐ inequality
- ☐ heritage
- ☐ outsource
- ☐ offshore
- ☐ conservation
- ☐ unspoilt
- ☐ emigrate

★

(n.) 生態旅遊

ecotourism
[ˌiko`tʊrɪzəm]

 One of the main aims of **ecotourism** is engaging travellers in wildlife conservation.
生態旅遊主要目的之一，就是讓遊客們參與野生動物的保育。

I think **ecotourism** is a great idea because tourists get a great experience while also helping out local communities.
我認為生態旅遊是很棒的主意，因為遊客幫助當地社區的同時，也能獲得美好的經驗。

★★

(v.) 稀釋、削弱

dilute
[daɪ`lut]

A prominent concern about tourism is that it **dilutes** local cultures as organisations aim to provide a tourist-friendly experience.
關於觀光的一個主要擔憂，是當局努力提供對觀光客友善的經驗，同時卻沖淡了當地文化。

Some people are against immigration because they don't want their culture to be **diluted**.
有些人反對移民，因為他們不希望本身文化被稀釋。

> **多學點再走！**
>
> dilute 的近義詞是 water down（用水稀釋），反義詞則是 concentrate（濃縮）。

★

(n.) 統一；一致性

uniformity
[ˌjunɪ`fɔrmɪti]

Some argue that the global exchange of ideas has created a **uniformity** in arts, language, and culture around the world.
有些人認為全球性的思想交流，已經為全世界的藝術、語言與文化帶來了統一。

I'm not sure that **uniformity** throughout the world is a bad thing, because it helps different people communicate.
我不確定世界統一是否一定是壞事，因為它能幫助各種不同的人交流。

★★

(n.) 買賣、交易、貿易

trade
[tred]

✐ Modern technology and communication allow **trade** between individuals, companies, and countries from all around the world.

現代科技與通訊實現個人、企業與國家間全球貿易。

📧 I find it fascinating that, thousands of years ago, the Silk Road enabled **trade** between East Asia and Western Europe.

數千年前東亞與西歐間透過絲路進行貿易往來，這個史實極為有趣。

高分表達！Collocations

thriving trade 蓬勃發展的貿易
lucrative trade 可獲利的交易
promote trade 促進貿易
expand trade 擴大交易
trade balance 貿易收支
domestic trade 國內交易
international trade 國際貿易

★★★

(adj.) 有利潤的

profitable
[`prɑfɪtəbəl]

✐ Manufacturers wanting to remain competitive and **profitable** outsource labour to foreign countries because it is cheaper.

製造商為了維持競爭力與良好獲利，會將勞務外包到國外，因為那裡的人工費更便宜。

📧 I think that the main problem with small-scale pig farming is that it's very difficult to become **profitable**.

我認為小規模養豬場的主要問題，在於很難獲利。

Day
15

高分表達！Collocations

prove profitable 證明有獲利
remain profitable 維持盈利狀態
profitable industries 可獲利的產業

(adj.) 根據季節的、受季節限制的

seasonal
[`sizənəl]

✒ Tourist activity is **seasonal** in some areas; other destinations, like capital cities, receive visitors all year round.

某些地區的觀光受到季節的限制，但其他像首都之類的地方，則全年都可以接待遊客。

💬 I think if you visit Spain, it's good to go in an off-peak **seasonal** period, when it'll be less busy.

我認為如果要拜訪西班牙的話，最好選擇不是那麼繁忙的淡季去。

★

(adj.) 禁止出入的、禁止靠近的

off-limits
[ˌɔf`lɪmɪts]

✒ Unfortunately, many tourists are unaware that some areas of historical interest are **off-limits**, so they continue to enter them.

令人遺憾的是，許多觀光客沒有意識到某些歷史名勝區域是禁止入內的，因此他們持續地進入那些地方。

💬 I would argue that some services, such as healthcare or schooling, should remain **off-limits** from private investment.

我認為某些服務，如醫療與教育，應該維持禁止民間投資者介入。

★★

(n.) 消費主義

consumerism
[kən`sjumərɪzəm]

✒ The economic boom after World War Two led to **consumerism** because people had more spare income to spend on luxuries.

二戰後的經濟繁榮導致消費主義出現，這是因為人們能用來購買奢侈品的多餘收入變多了。

💬 I think it's interesting that some young people today want to reject **consumerism** to lead less materialistic and money-obsessed lifestyles.

近來有些年輕人想拒絕消費主義，以追求減少對物質與金錢之執著的生活方式，我覺得這很有趣。

| ★★★ | (adj.) 前所未有的 |

unprecedented
[ʌn`prɛsɪˌdɛntɪd]

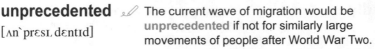 The current wave of migration would be **unprecedented** if not for similarly large movements of people after World War Two.

除了第二次世界大戰後的人口流動與其規模相當之外，現在的移民浪潮可說是前所未見的。

I think globalisation is amazing in the way it has allowed an **unprecedented** exchange of ideas and goods around the world.

我認為全球化能讓思想和商品在全世界實現前所未有的交流，是很了不起的一件事。

多學點再走！

前所未有的 (unprecedented) 指的是從來不知道的 (something not known)、未曾經歷過的 (something not experienced)。

| ★★★ | (adj.) 如詩如畫的 |

picturesque
[ˌpɪktʃə`rɛsk]

The Swiss lakes and mountains are especially popular with tourists wanting to experience their **picturesque** views.

瑞士湖泊與山脈特別受想體驗如畫美景的旅客歡迎。

Lots of people put photos of Tower Bridge in London on social media, so I know how **picturesque** it is.

許多人在社群媒體上傳倫敦塔橋的照片，所以我知道它有多麼美麗如畫。

Day
15

多學點再走！

picturesque 的近義詞是 beautiful（美麗的）和 attractive（有魅力的），反義詞則是 dreary（陰鬱的、荒涼的）和 unsightly（難看的）。

★★★	(adv.) 急劇地、迅速地

rapidly
[ˋræpɪdli]

✎ Social media and video-sharing websites have allowed normal people to **rapidly** become famous and wealthy.

社群媒體和影像共享平台使平凡人能迅速地出名，並且變富有。

💬 Personally, I believe that globalisation has **rapidly** changed the world in both really good and bad ways.

就個人而言，我認為全球化確實迅速地改變了世界，無論是往好的方向或壞的方向。

★★	(adj.) 多國的

multinational
[ˌmʌltɪˋnæʃənəl]

✎ **Multinational** corporations are criticised for promoting the same goods and ideas all around the world, making previously diverse cultures too similar to one another.

跨國企業在全世界推銷相同的商品和思想，使之前多元的文化彼此變得過於相似，因此受到了批判。

💬 I think it's easy to be critical of **multinational** organisations, but we wouldn't have so many luxuries without them.

我認為批評跨國企業很容易，但如果沒有他們，我們就沒辦法擁有這麼多奢侈品了。

★★★	(v.) 使結合、整合

integrate
[ˋɪntɪˌgret]

✎ Globalisation has caused economies and cultures to **integrate** and interact with one another on a worldwide scale.

全球化將經濟與文化以世界為範圍結合在一起，並使之能互相交流。

💬 I think it's a shame when local customs become **integrated** into more global ones, because it means traditions get forgotten.

我認為地方風俗被統一為全球風俗是件令人惋惜的事，因為那代表傳統遭到遺忘。

★★	(n.) 不平等、不平衡

inequality
[ɪnɪ`kwɑləti]

✐ There are concerns that foreign investment into poorer countries in fact worsens **inequality** by keeping wages low.

有人擔心海外對貧窮國家的投資事實上會加劇不平等現象，因為他們持續壓低薪資。

🗨 From my point of view, thanks to globalisation, **inequality** has become less of a problem over the past hundred years.

就我個人的觀點，我認為多虧了全球化，才讓不平等的問題比過去百年來稍微減少了一些。

> ─ **多學點再走！** ─
>
> inequality 的近義詞是 imbalance（不平衡）和 disproportion（不均衡），反義詞則是 equality（平等）和 fairness（公正）。

★★★	(n.)（國家、社會的）遺產

heritage
[`hɛrətɪdʒ]

✐ The more that tourists visit historical monuments and sites of cultural **heritage**, the more these institutions receive funding, which helps finance their maintenance.

越多觀光客前往參觀歷史古蹟與文化遺產，那些機構就能獲得越多資助，這樣有助於他們維護管理。

🗨 Personally, I think historical tourism is a good thing because it means people are interested in a country's **heritage**.

我個人認為歷史旅遊是件好事，因為那意味著人們對那個國家的遺產有興趣。

**Day
15**

高分表達！ Collocations

rich cultural heritage 豐富的文化遺產
national heritage 國家遺產

outsource
[`autsɔrs]

(v.)（作業、生產）委外、外包

✍ When corporations **outsource** industrial, working-class jobs to poorer countries, social tension in developed nations in Europe and America grows.

當企業將工業勞動階層的工作外包給貧窮國家時，歐美等先進國家的社會緊張感也隨之升高。

💬 I would argue that consumers benefit when labour is **outsourced**, because it means they get products for better prices.

我認為勞務委外能讓消費者得利，因為那表示消費者能用更好的價格買到商品。

★

offshore
[ɔf`ʃɔr]

(adj.)（因避稅）海外設立據點的、境外離岸的

✍ Politicians and campaigners agree that a worldwide effort is needed in order to combat **offshore** tax evasion.

政治家和社運人士一致認同，需要國際社會的努力以打擊海外逃稅行為。

💬 From my point of view, it's completely unfair that big companies avoid paying taxes through **offshore** accounts.

就我的觀點，我認為大企業透過海外帳戶來逃稅是非常不公平的事。

★★★

conservation
[ˌkɑnsə`veʃən]

(adj.)（自然環境或文物的）保護、保存

✍ Experts in **conservation** attempt to preserve historical artefacts in order to stop their decay over time.

文物保存專家試圖保護歷史文物，以防止它們隨著時間而腐敗。

💬 I believe the **conservation** of old relics sometimes changes their appearance too much from what they looked like originally.

我覺得古文物的保存，有時候會讓它們的外觀變得跟原始樣貌相差甚遠。

> **多學點再走！**
>
> conservation 的近義詞是 preservation（保存）。

(adj.) 未遭破壞的

unspoilt

[ʌn`spɔɪlt]

✎ The Amazon rainforest is struggling to remain **unspoilt** due to deforestation caused by agriculture, mining, logging, and housing.

亞馬遜雨林因農業、採礦、伐木與住宅建設所造成的森林破壞，維護其原始樣貌正面臨艱難考驗。

💬 I think tourists need to be responsible to make sure that nature stays **unspoilt** from human influence.

我認為觀光客有責任確保自然不受人類影響，保持未遭破壞的原始樣貌。

— 多學點再走！ —

unspoilt countryside 指的是未因開發 (development) 而遭到破壞的鄉村地區。

★★★

(v.) 移民、移出

emigrate

[`ɛmɪˌɡret]

✎ There are many reasons why individuals choose to **emigrate**, such as for lifestyle choices or economic opportunities.

人們選擇移民的理由有很多，例如出於生活方式的選擇，或是經濟機會的考量。

💬 I believe it's a positive move when people **emigrate** to different countries because it helps with exchanging cultural ideas.

我認為人們移民至其他國家是個好現象，因為它有助於文化交流。

Day
15

— 多學點再走！ —

「移民」可以用 emigrate 來表達，但若口試想不起這個單字，也可以用 move to another country 來表達。

戰勝 IELTS 寫作 Task 2 段落範例

¹While globalisation has **rapidly** brought the world together in an **unprecedented** way, there are also some aspects that draw criticism for economic and cultural reasons.

²Firstly, in economic terms, some people are critical of the way in which **multinational** organisations have created monopolies on foreign markets in highly **profitable** ways. ³As people **emigrate** to new places and companies **outsource** labour to other parts of the world, economic **inequality** is only worsening. ⁴Globalisation has also allowed companies to avoid paying taxes through **offshore** legal loopholes. ⁵Nonetheless, some argue that increased global **trade** can only have positive economic outcomes.

⁶Moreover, there are some possible cultural issues, as different nations become more and more **integrated** with one another. ⁷There is the possibility that global culture is heading towards greater **uniformity** as local traditions are steadily **diluted**.

⁸There is the danger of local customs being caught up with an increase in **consumerism** as tourists aim to absorb other cultures as they would food or films. ⁹In addition, many tourists only travel according to **seasonal** changes, leaving some areas without economic activity for the rest of the year.

¹⁰However, there is the possibility that different people can learn about the **heritage** of others through tourism in a responsible way. ¹¹For example, **ecotourism** is a popular trend, ensuring that travellers are involved in the **conservation** of local wildlife through keeping some areas **off-limits**. ¹²Arguably, **picturesque** views should remain **unspoilt** by human interference.

¹ 全球化以**前所未見的**方式**迅速地**將世界拉近，但也因為經濟與文化上的理由而遭受到批判。

² 首先，在經濟方面，有些人批評**跨國**企業以高**獲利的**方式壟斷海外市場。³ 隨著人們**移居**到新的地方，以及企業將勞務**委外**至世界其他地區，經濟**不平等**現象只會越來越嚴重。⁴ 全球化也讓企業能透過**海外離岸據點**，鑽法律漏洞來避稅。⁵ 然而，也有一些人認為，國際**貿易**的增加只會帶來積極的經濟成果。

⁶ 此外，隨著各國彼此越來越緊密**結合**，也會發生一些文化上的問題。⁷. 隨著地域傳統持續地**淡化**，全球文化有可能朝著**統一化**發展。

⁸ 由於觀光客想像吸收食物或電影一樣吸收文化，所以當地傳統也有被捲入**消費**主義的危險。⁹ 另外，許多觀光客是**根據季節**變化旅行的，因此部分地區在非觀光季節呈現沒有經濟活動的狀態。

¹⁰ 然而，不同的人也可能用帶有責任感的方式，透過觀光對別人的**遺產**進行學習。¹¹ 舉例來說，**生態旅遊**就是很受歡迎的一種方式，把部分區域設定為**禁止出入**區，讓觀光客能參與當地野生生物的**保護**。¹² 無疑地，**詩畫般的**美景應該保持不受人為干擾、**未遭破壞的**狀態。

Day
15

IELTS 7+ 高分進階單字

🎧 030 **跟著音檔朗讀單字，學習完成在框中打 ✓**

☐ **loss of traditional values** 傳統價值觀的喪失

☐ **tourist saturation** 觀光客飽和

☐ **cultural exchange** 文化交流

☐ **tourism phobia** 遊客恐懼症

☐ **anti-traveller sentiment** 反遊客情緒

☐ **low-cost carriers** 廉價航空

☐ **international trade** 國際貿易

☐ **the economies of scale** 規模經濟

☐ **deep-pocketed tourist** 財力雄厚的觀光客

☐ **behave rudely towards locals** 對當地人不禮貌

☐ **peak season** 旺季

☐ **living standards rise** 生活水準提升

☐ **local markets in developing nations** 開發中國家的當地市場

☐ **skilled workers from developing countries**
開發中國家有能力的工人

☐ **social resentment** 社會憤恨

☐ **tourist industries** 觀光產業

☐ **cultural and economic benefits associated with tourism**
觀光相關的文化和經濟利益

☐ **authentic traditional culture** 真正的傳統文化

☐ **major tourist attractions** 主要觀光景點

☐ **tourism revenue** 觀光收益

✓ **勾選出認識的單字，寫上中文意思。**

☐ display

☐ creativity

☐ contemporary

☐ imagination

☐ aesthetic

☐ instrument

☐ entertain

☐ sculpture

☐ exhibition

☐ genre

☐ freedom

☐ abstract

☐ provoke

☐ vision

☐ copyright

☐ relieve

☐ visual

☐ cinematic

☐ interpret

☐ controversial

| ★★ | (v.) 展示 |

display
[dɪˋsple]

✎ Critics all agree that the most recent installation **displayed** at the National Gallery is groundbreaking.

評論家一致同意，最近在國立美術館展出的裝置藝術具突破性。

💬 I like it when schools hold public exhibitions because it allows young artists to **display** their work.

我喜歡學校舉辦公開展覽，因為它讓年輕藝術家有機會展示他們的作品。

| ★★★ | (n.) 創造力 |

creativity
[ˌkrieˋtɪvəti]

✎ Some people argue that arts should not be cut from the school curriculum because **creativity** is crucial for young students' development.

有些人認為創造力對青年學子的發展很重要，因此美術課不該被排除在學校課程之外。

💬 I think that modern society does not encourage young people enough to pursue their **creativity**.

我認為現代社會並沒有充分地鼓勵年輕人去追求他們的創造力。

多學點再走！

能運用想像力 (imagination) 想出新點子 (new ideas) 的能力，就是創造力 (creativity)。

| ★★★ | (adj.) 當代的、同時代的 |

contemporary
[kənˋtɛmpəˌrɛri]

✎ Critics have complained recently that the **contemporary** art scene in New York is lacking innovation.

近來評論家指責紐約的當代藝術界缺乏創新。

💬 I think it's really sad that Van Gogh's paintings were not appreciated by people **contemporary** with him.

我認為當時年代沒有人看出梵谷畫作真正的價值，實在是件令人傷心的事。

★★	(n.) 想像力

imagination
[ɪˌmædʒəˈneʃən]

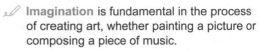 Imagination is fundamental in the process of creating art, whether painting a picture or composing a piece of music.

無論是畫圖或創作音樂，想像力在藝術創造的過程中是十分重要的。

I enjoy painting because it allows me to let my imagination wander, which I can't do in everyday life.

我喜歡畫圖是因為它讓我能自由發揮想像力，這是我在日常生活中無法做到的。

★★★	(adj.) 美感的

aesthetic
[ɛsˈθɛtɪk]

 One of the reasons photography is so popular is that it offers viewers a unique aesthetic pleasure.

攝影如此受歡迎的其中一個原因，是它為觀看者帶來獨特的美感享受。

While I do enjoy the music in Hitchcock's films, I like them most of all for their aesthetic qualities.

雖然我確實喜歡希區考克導演電影中的音樂，但我最主要還是因為其美學品質而喜歡這些作品。

★★	(n.) 樂器

instrument
[ˈɪnstrəmənt]

Children who dream of learning guitar have to save money to buy their first instrument as it is usually expensive.

因為吉他通常都很貴，所以夢想學吉他的孩子必須要存錢，才能買他們的第一把樂器。

I think music is the kind of art where it is important to buy high-quality instruments if you want to sound good.

我認為音樂是種藝術，如果想聽到高品質音色，購買高品質的樂器就很重要。

高分表達！Collocations

play an instrument 演奏樂器
learn an instrument 學習樂器
tune an instrument 樂器調音

Day
16

★★★	(v.) 娛樂

entertain
[ˌɛntɚˋten]

✎ While cinema does aim to **entertain** audiences, it can also teach them lessons about society and ethics.

儘管電影確實以娛樂觀眾為目的，但它也能為觀眾帶來與社會、道德相關的教訓。

🗨 I think, sometimes, amateur artists can forget that their main aim should always be to **entertain** people.

我認為有時候業餘藝術家可能會忘記，他們的主要目的始終是娛樂人群。

★★	(n.) 雕刻（品）

sculpture
[ˋskʌlptʃɚ]

✎ While Michelangelo is well-known for marble **sculpture**, Rodin is famous for sculpting artwork out of bronze and clay.

米開朗基羅以大理石雕刻聞名，而羅丹則是以利用青銅和黏土來雕塑作品而聞名。

🗨 I think **sculpture** is interesting because it presents the artist's vision in a three-dimensional manner.

我覺得雕刻很有趣，因為它用立體的方式將藝術家的觀點表現出來。

★★	(n.) 展覽

exhibition
[ˌɛksəˋbɪʃən]

✎ One of the merits of London's art culture is that it offers many high-quality **exhibitions** for free.

倫敦藝術文化的優點之一，就是它免費提供許多高品質的展覽。

🗨 I try to go to at least one art **exhibition** per week because painting is my passion.

我熱愛繪畫，所以我試著每週至少去一次美術展覽。

高分表達！ Collocations

go to an exhibition 去展覽
an exhibition venue 展覽會場

★★★	(n.)（藝術作品）體裁風格、種類

genre

[`dʒɑnrə]

✎ Westerns, musicals, horrors and gangster films were some of the most popular **genres** in classical Hollywood.

西部片、音樂劇、恐怖片和黑幫電影是在古典好萊塢中，最受歡迎的幾種體裁。

💬 I would say that my favourite **genre** of music is probably heavy metal; I love its raw power!

我最喜歡的音樂體裁應該是重金屬音樂，我超愛它的原始力量！

多學點再走！

以下為 genre 的近義詞：
- category 種類、範疇
- class 級別、等級
- kind 種類、類型
- group 群體、集團
- sort 種類、類型

★★	(n.) 自由

freedom

[`fridəm]

✎ Censorship is a tool used by strict governments to control the **freedom** of political artists.

審查制度是嚴格的政府為了控制政治藝術家之自由而使用的工具。

💬 In my opinion, the biggest achievement of Modern art was establishing new ground for creative **freedom**.

我認為現代美術最大的成就，就是為創作自由翻開了新的篇章。

高分表達！ Collocations

personal freedom 個人自由
artistic freedom 藝術自由
the freedom of the press 言論自由
restrict freedom 限制自由

Day
16

| ★★★ | (adj.) 抽象的 |

abstract
[`æbstrækt]

✐ While **abstract** art became common in the mid-1800s, it went through a period of innovation at the beginning of the 20th century.

雖然抽象藝術在 1800 年代中期變得普及，但它在 20 世紀初經歷過一段改革的時期。

💬 I typically don't like **abstract** paintings because I can't figure out what the artists are trying to say.

我通常不太喜歡抽象畫，因為我不能理解畫家想表達的是什麼。

> **多學點再走！**
>
> abstract 近義詞是 theoretical（理論的），反義詞是 actual（實際的）、concrete（事實為依據的、具體的）。

| ★★★ | (v.) 激起、引發 |

provoke
[prə`vok]

✐ One of the greatest strengths of art is its ability to **provoke** such a wide range of emotions.

藝術最大的力量之一，就是能激發各式多樣的情緒。

💬 I don't like some of Tarantino's films because I think they try too hard to **provoke** their audience.

我不喜歡塔倫提諾導演的一些電影，因為我覺得它們太刻意地去煽動觀眾。

| ★★ | (n.) 視覺；影像 |

vision
[`vɪʒən]

✐ Blind people can appreciate music because it is the only mainstream art form that does not involve **vision**.

視覺障礙者也能鑑賞音樂，因為音樂是唯一與視覺無關的主流藝術形式。

💬 Documentaries about history utilise a strong artistic **vision** to recreate what life was like in the past.

與歷史相關的紀錄片為了重現過去的生活情景，運用了強烈的藝術影像。

(n.) 著作權

copyright

[`kɑpɪˌraɪt]

🖊 The music industry's approach to **copyright** has changed due to the rising popularity of online streaming.

由於線上串流的日漸普及，音樂界對著作權的保護方式也跟著改變了。

💬 I think **copyright** is very important for commercial artists because it helps them protect ownership of their work.

我認為著作權對商業藝術家而言非常重要，因為它能幫助他們保護作品的所有權。

多學點再走！

著作權 (copyright) 到期的書籍或音樂，會變成任何人都能利用的 (being available to the public) 公有領域 (public domain) 狀態。

★★★

(v.) 減輕、消除

relieve

[rɪ`liv]

🖊 Therapists use relaxing music and paintings to help patients **relieve** negative emotions, such as anger and stress.

治療專家利用讓人放鬆的音樂和圖畫，協助患者消除憤怒或壓力等負面情緒。

💬 I watch Disney films from my childhood because they **relieve** my worries about everyday life.

我喜歡看我小時候的迪士尼電影，因為它們減輕了我對日常生活的憂慮。

★★

(adj.) 視覺的

visual

[`vɪʒʊəl]

🖊 While it is difficult to appreciate the concepts behind abstract art, it is still possible to enjoy its **visual** qualities.

雖然理解存在於抽象藝術背後的概念很難，但仍然可以享受其視覺特徵。

💬 I think it takes a lot of dedication and sacrifice to be a full-time **visual** artist.

我認為要當全職的視覺藝術師，必須做出許多奉獻與犧牲。

Day
16

★

cinematic
[ˌsɪnɪˈmætɪk]

(adj.) 電影的

✐ Because of the way he describes light and movement, Charles Dickens is often called a **cinematic** writer.

由於其描寫光線與動作的方式，查爾斯‧狄更斯經常被稱為電影式作家。

💬 While I thought that the plot and acting in *Avatar* were terrible, the other **cinematic** qualities were amazing.

雖然我認為《阿凡達》的劇情和演技表現很糟糕，但其他電影特色卻很出色。

★★★

interpret
[ɪnˈtɜprɪt]

(v.) 解讀、理解

✐ **Interpreting** a piece of art cannot only involve emotional responses; it also needs a rational explanation of opinions.

解讀一件藝術作品時，不能只有情緒上的反應，也需要對觀點的合理說明。

💬 I didn't agree with how most people **interpreted** *La La Land* because I thought it was a brilliant film.

我覺得《樂來越愛你》是部精彩的電影，所以我不同意大部分人對它的解讀方式。

★★★

controversial
[ˌkɑntrəˈvɜʃəl]

(adj.) 有爭議的

✐ Picasso's style of painting was incredibly **controversial** during his time because he was an innovator of a new artistic approach.

畢卡索的繪畫風格在當時備受爭議，因為他是新藝術手法的開創者。

💬 I enjoy watching **controversial** films because I like the debates that people have about them.

我喜歡看爭議性的電影，因為我喜歡人們為此爭辯。

高分表達！Collocations

a controversial issue 有爭議的議題
highly controversial 備受爭議的

戰勝 IELTS 寫作 Task 2 段落範例

[1]Some of the most popular **contemporary** art forms today are cinema and music, but there are many others, such as **sculpture**, painting, theatre and dance.

[2]All arts **interpret** reality through the **imagination**. [3]However, whereas some arts such as painting are predominantly **visual**, others, such as music, are mostly audial. [4]This is why, for example, music has more creative **freedom** to **provoke** complex or **abstract** emotions. [5]This is perhaps also why some people listen to music to **relieve** stress or cheer themselves up.

[6]Conversely, film can **entertain** viewers with both music and images. [7]Whereas listening to musical **instruments** only involves one sense, **cinematic** art involves multiple senses, including **vision**. [8]As forms of popular entertainment, there are also many **genres** involved in both music and cinema.

[9]Moving on, at an art **exhibition**, paintings provide a different **aesthetic** experience to music or film. [10]Painters can choose to express a **controversial** idea about society through simply **displaying** what they see in the real world. [11]Also, **copyright** is very important for visual artists, because their work involves individual **creativity** and they aim to make something unique.

Day
16

¹ 雖然現今最大眾化的**當代**藝術形態是電影和音樂，但除此之外也有**雕刻**、繪畫、戲劇、舞蹈等各種形式。

² 所有的藝術都是透過**想像**來**詮釋**現實。³ 然而，有些藝術形式主要是**視覺的**，例如繪畫；其他藝術形式則大部分是聽覺的，例如音樂。⁴ 這就是為什麼，舉例來說，音樂擁有更多創作**自由**來**激發**複雜且**抽象的**情感之理由。⁵ 這或許也是人們為什麼會聽音樂來**減輕**壓力，或是激勵自己的原因。

⁶ 相反的，電影能同時利用了音樂和影像來**娛樂**觀眾。⁷ 若說聆聽**樂器**演奏只涉及一種感官的話，**電影**藝術則涉及了包含視覺在內的各種感官。⁸ 作為大眾娛樂形態，還有許多同時涉及音樂與電影的**體裁**存在。

⁹ 此外，美術**展覽**的畫作又提供了與音樂或電影不同的**美學**體驗。¹⁰ 畫家可以選擇單純地**展示**自己在現實世界中所見的事物，藉此表達對於社會的**爭議性**看法。¹¹ 另外，**著作權**對視覺藝術家而言十分重要，因為他們的作品裡包含了個人的**創造力**，而且他們以創作獨特的作品為目標。

IELTS 7+ 高分進階單字

🎧 032 **跟著音檔朗讀單字，學習完成在框中打** ✓

☐ **cultural experiences** 文化經驗

☐ **arts curriculum** 美術教育課程

☐ **public funding for the arts** 藝術公共資金

☐ **valuable artefacts** 貴重的工藝品

☐ **entertainment value** 娛樂價值

☐ **museum visitors** 博物館參觀者

☐ **an entrance fee** 入場費

☐ **admission ticket** 入場券

☐ **creative thoughts** 創意思考

☐ **visual-spatial skills** 視覺空間知覺能力

☐ **multimedia artist** 多媒體藝術家

☐ **fashionable garments** 流行服飾

☐ **aesthetically pleasing** 提供美學享受的

☐ **art-related subjects** 與藝術相關的科目

☐ **works of creative artists** 創意藝術家的作品

☐ **financial assistance for the creative sector** 藝術領域的經濟援助

☐ **cultural and educational value** 文化教育價值

☐ **frivolous enjoyment** 小樂趣、有趣的瑣事

☐ **express themselves through painting a picture or singing a song** 透過繪畫或歌曲表達自我

☐ **provide leisure and entertainment** 提供休閒娛樂

Memo

✓ **勾選出認識的單字，寫上中文意思。**

- ☐ proficiency
- ☐ critique
- ☐ legibility
- ☐ abbreviated
- ☐ comprehension
- ☐ evaluate
- ☐ clarity
- ☐ compatible
- ☐ concisely
- ☐ spellchecker

- ☐ literacy
- ☐ dyslexia
- ☐ eye strain
- ☐ rationale
- ☐ source
- ☐ originality
- ☐ formal
- ☐ cohesion
- ☐ lexical
- ☐ deteriorate

★★★

proficiency
[prə`fɪʃənsi]

(n.) 熟練、精通程度

✍ As children learn to read and write, they are given regular exams to test their **proficiency**.

孩子們在學習閱讀和寫作時，會定期接受考試以測試其精熟度。

💬 One day, I'd like to have complete reading and writing **proficiency** in the Japanese language.

我希望自己總有一天能完全精通日語的閱讀與寫作。

> **多學點再走！**
>
> proficiency 接介系詞 in，表示精通某種語言。
> • proficiency in English 精通英語

★★

critique
[krɪ`tik]

(n.) 評論、批評

✍ Offering a **critique** means suggesting how an argument can be proved as well as pointing out its flaws.

提供評論不僅是提示證明論點的方法，同時也意味著要指出其缺點。

💬 I think **critiques** are a very productive form of writing since they lead us closer to the truth.

我認為評論是極具建設性的寫作形式，因為它能引導我們更接近真實。

★★

legibility
[ˌlɛdʒə`bɪlɪti]

(n.) (字跡) 易讀、辨識度

✍ Since doctors are always in a rush, their handwriting tends to have poor **legibility**.

由於醫生總很忙碌，所以他們筆跡辨識度通常很低。

💬 I think that using a computer all the time has ruined the **legibility** of my handwriting.

我認為一直使用電腦，似乎讓我筆跡辨識度變差了。

高分表達！ Collocations

poor legibility 辨識度不良
improve legibility 提升辨識度

★

abbreviated
[əˋbriviˌetɪd]

(adj.) 縮減的、縮短的

Smartphones are pocket-sized and portable, meaning the text and keypads are very small. Because of this, many young people send texts in a slang-based, **abbreviated** format.

智慧型手機的體積小到能放進口袋以便於攜帶，但這也意味著文字和鍵盤非常小。因此，許多年輕人會以俚語縮寫來傳送簡訊。

I recently learnt that the name 'Theo' is the **abbreviated** form of 'Theodore'.

我最近學到「Theo」這個名字是源自「Theodore」的縮寫。

★★

comprehension
[ˌkɑmprɪˋhɛnʃən]

(n.) 理解力

The ability to write well is based on a thorough **comprehension** of the rules of grammar and style.

擅長寫作的能力，建立於徹底理解文法與文體規則。

In school, reading **comprehension** was my favourite activity because I liked analysing poems and novels.

讀書時期，我最喜歡的活動是閱讀理解，因為我喜歡分析詩歌和小説。

高分表達！Collocations

a lack of comprehension 理解力不足

★★★

evaluate
[ɪˋvæljuˌet]

(v.) 評價

The most important aspect of analysing an essay involves **evaluating** the strengths and weaknesses of its central argument.

分析文章時最重要的一點，就是要評論其核心論點的優缺點。

It is hard to **evaluate** how good your own writing is because it's hard to be objective.

要評價自己的文章寫得有多好並不容易，因為自己很難保持客觀。

Day
17

(n.)（表達上的）清楚明瞭

clarity
[ˈklærəti]

✐ While journalists aim for clear, persuasive prose, some modernist authors write with a lack of **clarity** for stylistic reasons.

儘管新聞記者的目標是寫出清楚且具說服力的文章，但有些現代主義作家卻以文體風格為由，寫出不夠清楚明瞭的文章。

💬 In my opinion, the more complex the topic is, the harder it is to write with **clarity**.

就我看來，主題越複雜，就越難將文章寫得清楚。

多學點再走！

clarity 近義詞 clearness（清晰）、lucidity（明確），反義詞 incomprehensibility（無法理解）、obscurity（模糊）。

★★★

(adj.) 相容的、可並立的、適合的

compatible
[kəmˈpætəbəl]

✐ A writing style **compatible** with your aims is important; for example, slang or abbreviations in formal essays are inappropriate.

寫作風格符合你的寫作目的很重要，舉例來說，俚語或縮寫並不適合正式的文章。

💬 My way of writing isn't **compatible** with being a novelist because I write for function, not style.

我的寫作方式並不適合當一個小說家，因為我寫作著重功能性而非風格。

高分表達！Collocations

highly compatible 非常適合的
entirely compatible 完全兼容的
hardly compatible 幾乎不可兼容的
compatible with ~ 與~可兼容的

214

★★	(adv.) 簡潔地

concisely
[kən`saɪsli]

✐ While writing **concisely** is necessary for essays or journalism, concision is not the aim of creative writing.

儘管在論說文或新聞寫作中，文筆簡潔是必要的，但簡潔並非創意寫作的目標。

🗨 To write **concisely**, I try to delete as many unnecessary words as possible.

為了要寫出簡潔的文章，我試著盡可能將不必要的詞彙刪去。

★	(n.)（電腦的）拼字檢查

spellchecker
[`spɛltʃɛkə]

✐ Some teachers believe that **spellcheckers** should be removed from computers that young children use to learn to read and write.

有些老師認為，應該將拼字檢查程式從兒童用來學習讀寫的電腦中移除。

🗨 To be honest, I'm worried that the **spellchecker** on my computer has ruined my spelling skills.

老實說，我擔心電腦裡的拼字檢查程式會降低我的拼寫能力。

★★★	(n.) 識字、讀寫能力

literacy
[`lɪtərəsi]

✐ High average **literacy** rates are a sign of social and political progress in any given country.

無論在哪個國家，高平均識字率都是代表社會和政治進步的指標。

🗨 We shouldn't take **literacy** for granted considering how many people don't even have the opportunity to learn how to read and write.

我們不應該將識字力視為理所當然的能力，因為還有許多人根本連學習閱讀和寫作的機會都沒有。

Day
17

多學點再走！

具備能閱讀跟寫作的能力 (being able to read and write) 就是具備 literacy。

---

dyslexia
[dɪsˋlɛksɪə]

(n.) 失讀症、閱讀障礙

Research has shown that changing font styles and the colour of pages helps readers with **dyslexia**.

根據研究顯示，改變字型和頁面顏色能幫助有閱讀障礙的讀者。

My friend has **dyslexia**, but he hasn't let it stop him from leading a normal life.

我朋友雖然有閱讀障礙，但那並不會阻礙他過一般正常的生活。

多學點再走！

dys- 有困難 (difficulty) 的意思，-lexis 則有字彙 (word) 的意思，因此 dyslexia 就是閱讀障礙。

★★

eye strain
[aɪ stren]

(n.) 眼睛疲勞

To reduce the harm caused by **eye strain**, it is recommended to dim the light on phones and laptops.

為了減少眼睛疲勞造成的傷害，建議調低手機與筆記型電腦的亮度。

As soon as I got a new pair of glasses, my **eye strain** from reading just disappeared.

我一配好新眼鏡，閱讀時的眼睛疲勞感立刻消失。

★★

rationale
[ˌræʃəˋnæl]

(n.) 基本原因、根本原理

The central **rationale** for teaching reading and writing from an early age is that children absorb the information better.

從小教導閱讀和寫作的主要理由，是因為小孩能更好地吸收資訊。

I tried to understand the scientific **rationale** that influences the book.

我試著去理解對那本書帶來影響的科學原理。

| ★★ | (n.) 資料、（資料的）出處 |

source
[sɔrs]

✎ If files are downloaded onto e-readers from unreliable **sources**, a malicious virus could be introduced to the system.

如果從不可靠的出處下載檔案至電子閱讀器裡，可能會讓惡意病毒入侵系統。

🗨 When finding citations for academic research, it is crucial to ensure the **sources** are peer-reviewed.

為了學術研究而搜尋引文時，確認資料是否經過其他學者評閱是至關重要的。

高分表達！ Collocations

invaluable sources 相當有用的資料
reliable sources 可信的資料
anonymous sources 匿名資料
reveal sources 顯示出處

| ★★ | (n.) 獨創性 |

originality
[əˌrɪdʒəˋnæləti]

✎ It is a common opinion that **originality** in writing is now impossible because every style has been done before.

寫作的獨創性現今普遍認為已不復存在，因為所有文章風格都已經使用過了。

🗨 I found creative writing in English lessons at school difficult because it's very hard to write with **originality**.

我覺得學校英文課的創意寫作好難，因為要寫出具獨創性的文章並不簡單。

多學點再走！

originality 的近義詞有 creativity（創意）、ingenuity（獨創性）。

★★★

formal
[ˋfɔrməl]

(adj.) 合乎格式的；正式的

✎ There are some conventions of **formal** essay writing that inexperienced writers regularly neglect in their work.

正式的文章寫作有傳統慣例，經驗不足的筆者在作品中經常忽略這些要點。

💬 During school, I found **formal** writing very boring, but now that I'm older, I appreciate its value.

學生時期，我覺得按照格式寫作非常無聊，但現在上了年紀，就能理解它的價值了。

★★

cohesion
[koˋhiʒən]

(n.) （寫作）連貫性、前後文緊密連結

✎ To say that a good essay has **cohesion** means that each section connects to the next logically and succinctly.

一篇好文章具「前後連貫」，指的是文章的各個段落都與下一個段落，合乎邏輯又簡潔地連結在一起。

💬 When I applied to journalism school, I was rejected because my writing lacked **cohesion**.

當我申請就讀新聞學院時，我被淘汰的理由是因為我的文章缺乏連貫性。

★★

lexical
[ˋlɛksɪkəl]

(adj.) 字彙的

✎ Teachers know that **lexical** complexity is not always an indication of good writing. Short sentences are also powerful.

老師們知道字彙複雜性並不見得是好文章的指標，簡短的文句也一樣具有力量。

💬 I'm trying to expand my **lexical** range by reading more difficult books.

我正試著透過閱讀較難的書籍，來擴展我的字彙量。

高分表達！Collocations

common lexical items 常見字彙
lexical knowledge 字彙知識
lexical elements 字彙要素

★★★	(v.) 惡化、退化

deteriorate

[dɪ`tɪrɪəˌret]

✏️ Research indicates that regular use of a computer for writing can cause users' spelling to **deteriorate**.

根據研究顯示，若經常使用電腦寫作，會導致使用者的拼寫能力退化。

💬 I try to read as many books as possible so that my vocabulary doesn't **deteriorate**.

我試著儘可能多讀書，以防止字彙能力退化。

多學點再走！

deteriorate 的近義詞是 get worse（變糟）。這種動詞片語的說法可以在口說測驗時使用。

Day
17

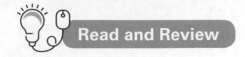
戰勝 IELTS 寫作 Task 2 段落範例

[1]While they may not be **compatible** with every student in school, reading and writing are essential skills. [2]**Literacy** and the ability to write **concisely** are important for everyone. [3]Some professions, such as in academia or journalism, rely on **originality** and creativity in **formal** writing. [4]Yet, the majority of jobs require at least basic **comprehension** and **proficiency** of written language.

[5]For any kind of writing, there are clear goals and rules. [6]One of the most important is **clarity**: readers need to be able to understand the point easily. [7]There is a tendency for inexperienced writers to write with **lexical** complexity, causing their work to lose **cohesion**. [8]Also, when presenting a **critique** or argument, a persuasive **rationale** is needed. [9]Finally, it is also key to be able to **evaluate** information or arguments presented by others.

[10]Moreover, computers have changed the way that people read and write. [11]In a positive sense, **spellcheckers** are an invaluable resource for those with **dyslexia**, for example. [12]Also, word processing removes the problem of the **legibility** of handwriting. [13]However, using screens too much can cause vision to **deteriorate** through **eye strain**. [14]Moreover, it is possible that e-mailing and texting encourages incorrect or **abbreviated** spelling.

¹ 儘管它可能並不**適合**學校裡的每一位學生，但閱讀和寫作是非常重要的技能。² **讀寫能力**與**簡潔**寫作的能力，對所有人都很重要。³ 在學術界或新聞界等特定領域，仰賴的是**正規**寫作的**獨創性**與創造力。⁴ 但是，大部分的行業都要求至少得具備對書面語最基本的**理解力**與**熟練度**。

⁵ 無論什麼種類的文章，都有其明確的目標與規則。⁶ 其中最重要的就是**易讀性**，必須讓讀者能輕鬆理解文章重點。⁷ 經驗不足的作家，在寫作時傾向追求**字彙的**複雜性，因而降低了文章的**銜接性**。⁸ 另外，在提出**批評**或主張時，需要具有說服力的**根據**。⁹ 最後，具備能**評價**他人提出的資訊或論點的能力也至關重要。

¹⁰ 此外，電腦已經改變了人們讀寫的方式。¹¹ 從正面的觀點來看，例如**拼字檢查程式**，它對於有**閱讀障礙**的人來說是**極為實用的**資源。¹² 而且文書處理也解決了手寫字的**辨識度**問題。¹³ 然而，若長時間使用螢幕的話，可能會因**眼睛疲勞**而導致視力**惡化**。¹⁴ 另外，電子郵件與文字簡訊可能會助長錯誤的拼寫或**縮寫**的使用。

Day
17

IELTS 7+ 高分進階單字

🎧 034 **跟著音檔朗讀單字，學習完成在框中打 ✓**

- ☐ **form a reading habit** 培養閱讀習慣
- ☐ **encourage reading habits** 鼓勵閱讀習慣
- ☐ **courses on essay writing** 寫作相關講座
- ☐ **inspirational books** 給人靈感的書籍
- ☐ **punctuation** 標點符號
- ☐ **a grammatical error** 文法錯誤
- ☐ **editing and proofreading** 編輯與校對
- ☐ **writing techniques** 寫作技巧
- ☐ **research papers** 研究論文
- ☐ **basic literacy levels** 基本讀寫能力
- ☐ **illiteracy rates** 文盲率
- ☐ **express emotions in words** 用詞彙表達感情
- ☐ **online dictionaries and thesaurus** 線上字典與同義詞詞典
- ☐ **expand your mind** 擴展思維
- ☐ **mould your opinions** 形成你的意見
- ☐ **read as frequently and widely as possible** 盡可能經常且廣泛地閱讀
- ☐ **learn the habit of regular reading** 學習規律閱讀的習慣
- ☐ **books covering all different kinds of knowledge**
  涵蓋各種知識的書籍
- ☐ **factual or fictional books** 紀實或虛構書籍
- ☐ **basic spelling and grammar severely deteriorate**
  基本的拼寫與文法能力嚴重退化

Internet
網路

✓ **勾選出認識的單字，寫上中文意思。**

- ☐ virtual
- ☐ isolation
- ☐ like-minded
- ☐ antivirus
- ☐ dependence
- ☐ simultaneously
- ☐ browse
- ☐ phishing
- ☐ usage
- ☐ trustworthy

- ☐ cyberthreat
- ☐ worldwide
- ☐ medium
- ☐ sensitive
- ☐ compulsive
- ☐ transaction
- ☐ anonymity
- ☐ harmful
- ☐ censorship
- ☐ cyberbullying

| ★★★ | (adj.) 虛擬的 |

virtual
[`vɜtʃʊəl]

✑ A prominent anxiety about **virtual** reality is that it may begin to replace real-life experiences.

關於虛擬實境，特別令人憂心的一點是它可能會開始取代現實生活的體驗。

💬 I think it's a problem that social media allows people to lead **virtual** lives separate from their real ones.

我認為社群媒體讓人們過著與現實隔絕的虛擬生活是一大問題。

| ★★ | (n.) 孤立、孤獨狀態 |

isolation
[ˌaɪsəˈleʃən]

✑ Addiction to online role-playing games can, in some cases, lead to social **isolation** and mental health problems.

沉溺於線上角色扮演遊戲，在某些情況下可能會導致社會孤立與心理健康問題。

💬 Personally, I don't think that using the Internet leads to **isolation**, because you can socialise with people online.

就我個人看來，我不認為使用網路會導致孤立，因為在線上也能與人交流。

高分表達！Collocations

experience isolation 經歷孤立
suffer from isolation 受孤立之苦

| ★★ | (adj.) 志趣相投的、看法相同的 |

like-minded
[`laɪk`maɪndɪd]

✑ Online forums and message boards are valuable resources for **like-minded** people to share ideas about specialist hobbies or interests.

網路論壇和留言板，能讓志趣相投的人們分享與其專業嗜好或興趣相關的想法，是相當寶貴的空間。

💬 I find the idea of using the Internet to meet **like-minded** people strange. Why not just do it in real life?

我覺得想利用網路來認識志趣相投的人這個想法很奇怪。為什麼不在現實生活中那麼做呢？

★★	(adj.)（電腦）防病毒的

antivirus

[ˌæntɪˈvaɪrəs]

✐ To defend yourself from online threats, the importance of regularly updating **antivirus** software cannot be underestimated.

為了自我防護不受網路威脅，可不能低估定期更新防毒軟體的重要性。

💬 I forgot to buy new **antivirus** software, so now my hard drive has been completely wiped!

我忘了購買新的防毒軟體，結果現在我的硬碟完全被清空了！

★★★	(n.) 依靠、仰賴

dependence

[dɪˈpɛndəns]

✐ Most people today have developed a **dependence** on the Internet, using it to watch films, buy clothes, and socialise with others.

現代大部分人都會利用網路看電影、買衣服、與他人交流，因此對網路產生了依賴性。

💬 I don't think it's healthy to have too much of a **dependence** on online interactions.

我認為過度依賴網路交流是不健康的。

高分表達！Collocations

dependence on mobile phones 手機成癮
psychological dependence 心理依賴

★★★	(adv.) 同時地

simultaneously

[ˌsaɪməlˈtenɪəsli]

✐ In some circumstances, Internet addiction is so ingrained that addicts browse their smartphones while **simultaneously** watching TV.

在某些情況下，網路成癮者會因為中毒太深，在看電視的同時瀏覽智慧型手機。

💬 I enjoy using the Internet because it allows me to play games online and do homework **simultaneously**.

我喜歡使用網路，因為同時能玩線上遊戲和寫作業。

Day
18

browse
[braʊz]

(v.) 瀏覽（網路）

✍ Children should limit time spent browsing the Internet as doing it too much can damage their health.

兒童若花費太多時間在瀏覽網路，可能會危害他們的健康，因此應該限制使用時間。

💬 I find it hard to work on my laptop sometimes because I get distracted when browsing the Internet.

我發現我有時很難使用筆記型電腦工作，因為我會分心去瀏覽網路。

★

phishing
[ˋfɪʃɪŋ]

(n.) 網路釣魚詐騙

✍ As the older generation tends to lack digital literacy, senior citizens are frequently the target of phishing scams.

由於老一輩往往缺乏數位素養，因此老年人經常成為網路釣魚詐編的目標。

💬 I have special settings on my e-mail account to ensure that phishing e-mail are redirected to my trash folder.

我對我的電子郵件帳號做了特別的設定，以確保網路釣魚郵件會直接被丟到垃圾信件匣裡。

★★★

usage
[ˋjusɪdʒ]

(n.) 使用

✍ Researchers have still not fully agreed upon what types of Internet usage qualify as addiction.

對於什麼樣的網路使用類型才能稱為網路成癮，研究人員尚未達成共識。

💬 I regulate my own Internet usage to about ten hours per week so I don't waste too much time.

我控制自己的網路使用時間為一週 10 小時，這樣我就不會浪費太多時間。

高分表達！ Collocations

heavy usage 過度使用
low usage 很少使用
reduce the usage of ~ 減少～的使用

★★★	(adj.) 可信的、可靠的

trustworthy
[ˋtrʌst͵wɝði]

✎ In online interactions, whether financial or social, it is difficult to know whether the other party is entirely **trustworthy**.

在網路上的互動關係，無論是財務上或社會上的，都難以得知對方是否完全值得信賴。

💬 I think it's strange that the older generation does not know that spam e-mails aren't **trustworthy**.

我覺得奇怪，老一輩竟然不知垃圾郵件是不可信的。

> **多學點再走！**
>
> trustworthy 表示值得信賴，所以為人正直。

★★★	(n.) 網路威脅

cyberthreat
[ˋsaɪbəθrɛt]

✎ Because of **cyberthreats**, elections will most likely never be held online as the risk of interference is too high.

由於網路威脅，選舉很可能以外部介入的危險性過高為由，永遠不會在線上舉辦。

💬 I think the political agenda needs to include national online security as **cyberthreats** are becoming a bigger and bigger threat.

由於網路威脅日漸擴大，我認為國家網路安全保護也應納入政治議程中。

★★★	(adv.) 在全世界 (adj.) 全世界的

worldwide
[ˋwɝld͵waɪd]

✎ The Internet is used **worldwide**, so it allows unprecedented interaction between people from different countries and cultures.

網路在全世界被使用，因此讓來自不同國家與文化的人們之間，能進行前所未見的交流。

💬 Through using the Internet, I've made friends **worldwide**, all the way from Brazil to China.

透過網路，我從巴西到中國在全世界交朋友。

Day
18

medium

[`mɪdɪəm]

(n.) 媒介、手段

✍ Video-sharing websites are an invaluable **medium** for independent artists and creative individuals to share their work.

影像共享網站是讓獨立藝術家與具創造力的個人，得以分享其作品的珍貴媒介。

📧 The Internet can be a very useful **medium**, but if used irresponsibly, it can be very harmful as well.

網路雖然是很有用的工具，但若不負責任地濫用，它也可能變成有害的。

高分表達！Collocations

a medium of entertainment 娛樂媒介
a medium of communication 通訊手段
a medium of instruction 教育媒介

sensitive

[`sɛnsətɪv]

(adj.) 敏感的

✍ The Internet has made it easier for hackers to steal **sensitive** personal information from computers.

因為網路的關係，駭客能更輕易地從電腦裡竊取敏感的個人資訊。

📧 I think that laws should be tighter to stop **sensitive** images or information from being shared online without the owner's consent.

未經所有者同意就將敏感的照片或資訊分享到網路上的行為，我認為法律應該更嚴格制止。

高分表達！Collocations

extremely sensitive 高度敏感的
sensitive issues 敏感的議題
make (A) sensitive about (B) 使 A 對 B 敏感

| ★★★ | (adj.) 難以控制的、衝動的 |

compulsive
[kəm`pʌlsɪv]

✐ If not sensibly regulated, participation in online gambling can quickly develop into a **compulsive**, destructive habit.

若沒有理性控制，參與線上賭博會迅速發展成難以控制的破壞性習慣。

💬 When I was younger, I had a very unhealthy, **compulsive** addiction to online role-playing games.

我年輕的時候，曾經對線上角色扮演遊戲產生極不健康，又難以控制的成癮現象。

多學點再走！

compulsive 指的是無法抑制的衝動 (irresistible urges)。

| ★★★ | (n.) 交易 |

transaction
[træn`zækʃən]

✐ As online banking is becoming more and more popular, banks are under pressure to update security to protect customers' **transactions**.

隨著網路銀行的普及化，銀行面臨必須升級安全機制以保障客戶交易的壓力。

💬 In my opinion, it is really important to always make sure that your online financial **transactions** are secure and safe.

在我看來，隨時確認線上金融交易安全無虞是相當重要的。

高分表達！ Collocations

credit transactions 信用交易
carry out transactions 進行交易
close transactions 結束交易
transaction charges 交易手續費

Day
18

(n.) 匿名

anonymity
[ˌænəˈnɪmɪti]

✎ The **anonymity** afforded to Internet users has a vast range of social and political consequences.

提供給網路使用者的匿名性，帶來範圍極為廣泛的社會與政治後果。

💬 I make up a random word whenever I create an online profile, to protect my **anonymity**.

我每次在創建線上個人檔案時，都會編一個隨機組合的名字，以保護我的匿名性。

多學點再走！

anonymity 是不可數名詞，沒有 an anonymity、anoymities 等説法。

★★

(adj.) 有害的

harmful
[ˈhɑrmfəl]

✎ Regulating children's online habits to protect them from violent, **harmful** or malicious content is a much-debated topic.

為了保護兒童不受暴力、有害或惡意內容的侵犯，因而規範兒童的網路使用習慣，是備受爭議的話題。

💬 I think talking to strangers online is potentially dangerous because you don't know whether they're hiding **harmful** intentions.

我認為在網路上與陌生人對話具有潛在的危險，因為你不知道他們是否隱藏著不良意圖。

高分表達！ Collocations

the harmful effects of smoking 吸菸的有害影響
potentially harmful 潛在有害的

| ★★★ | (n.) 審查 |

censorship
[`sɛnsəʃɪp]

✐ Under repressive regimes, Internet users need to be incredibly cautious with anything they do online, due to harsh **censorship**.

在專制政權下，網路使用者因為受到嚴格審查，必須對自己在網路上的一舉一動極為小心謹慎。

💬 I think that, even with strict **censorship** laws, there are many programs that allow you to use the Internet anonymously.

我認為即使有嚴格的法律審查，依舊有許多程式能讓人匿名使用網路。

| ★★ | (n.) 網路霸凌 |

cyberbullying
[`saɪbɚ͵bulɪɪŋ]

✐ It is a common opinion that punishments for online harassment and **cyberbullying** should be far harsher.

大家普遍認為，對線上騷擾及網路霸凌的處罰應該更加嚴厲才對。

💬 Since it's dangerously easy to do anonymously, I've probably contributed to **cyberbullying**, too.

匿名極為容易讓人做出網路霸凌的行為，說不定我也曾參與其中。

多學點再走！

在網路 (cyber) 虛擬世界裡，集體霸凌 (bullying) 的行為，稱為 cyberbullying。

Day
18

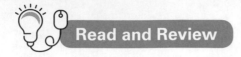

戰勝 IELTS 寫作 Task 2 段落範例

[1]There is no doubt that the widespread use of the Internet is one of the most significant developments in recent history. [2]While the Internet can be a **worldwide medium** through which **like-minded** people can communicate, its regular **usage** is also linked to **isolation** and loneliness.

[3]**Virtual anonymity** is **simultaneously** one of the greatest strengths and weaknesses of the Internet. [4]Arguably, it encourages **cyberbullying**. [5]However, it also allows victims of bullying to **browse** sites where they can read about and learn from the experiences of others. [6]Having said this, it is possible to have too much **dependence** on socialising online. [7]In fact, some people's online habits are **compulsive** or resemble addiction.

[8]Moreover, there are a number of malicious threats to users carrying out **sensitive** activities. [9]Many people do not know enough about **antivirus** software, so they are always at risk from **phishing** scams. [10]There is also the risk of having money stolen in online financial **transactions**. [11]Governments also need **trustworthy** safeguards from hackers and **cyberthreats**. [12]Some governments enforce strict online **censorship** as well.

¹ 毫無疑問，網路的普遍使用是近代史上最重大的發展之一。² 網路雖然是讓**志趣相投的**人們可以進行交流的**全球性媒體**，但經常**使用**也會導致**孤立**或孤獨。

³ **虛擬匿名性**是網路最大的優點，**同時**也是最大的缺點。⁴ 可以說是匿名助長了**網路霸凌**。⁵ 然而，網路也讓遭到霸凌的受害者能**瀏覽**那些可以讀取他人經驗，並從中學習的網站。⁶ 即便如此，它也可能讓人過度**依賴**線上交流。⁷ 事實上，有些人的上網習慣是**無法控制**，或近乎成癮的。

⁸ 此外，對於從事**敏感**活動的使用者，也有許多惡意威脅存在。⁹ 由於許多人對**防毒**軟體並不瞭解，因此一直暴露在**網路釣魚詐欺**的威脅中。¹⁰ 另外，在進行線上金融**交易**時，也存在著金錢遭竊的風險。¹¹ 政府也需要**可靠的**安全措施來防止駭客或**網路威脅**。¹² 有些政府還實行了嚴格的網路**審查**。

Day
18

IELTS 7+ 高分進階單字

🎧 **036** **跟著音檔朗讀單字，學習完成在框中打 ✓**

☐ **the information age** 資訊化時代

☐ **a trustworthy source of information** 可靠的消息來源

☐ **the digital revolution** 數位革命

☐ **identity theft** 身份盜用

☐ **earn an academic degree online** 線上取得學位

☐ **social media platforms** 社群媒體平台

☐ **order from the comfort of home** 在家舒服地訂購

☐ **internet access** 連上網路

☐ **instant communication** 即時交流

☐ **the proliferation of digital forms of technology**
數位形態技術的激增

☐ **the reliability of information on the Internet** 網路上的資訊可信度

☐ **a trustworthy source to get information** 取得資訊的可靠來源

☐ **unstable internet connections** 不穩定的網路連接狀態

☐ **the rising popularity of software like Skype**
像 Skype 等軟體的興起

☐ **the wholesale adoption of online meetings** 全面採用線上會議

☐ **independent and productive learning** 獨立且具有成效的學習

☐ **extensive online databases** 龐大的線上資料庫

☐ **free online lessons** 免費線上課程

☐ **infinite learning opportunities** 無限的學習機會

☐ **online tutoring** 線上家教

Science & Medicine
科學與醫療

✓ **勾選出認識的單字，寫上中文意思。**

- ☐ placebo
- ☐ mainstream
- ☐ cosmetic
- ☐ experimentation
- ☐ curiosity
- ☐ automatic
- ☐ prescribe
- ☐ pharmaceutical
- ☐ embryo
- ☐ treat

- ☐ invent
- ☐ clone
- ☐ humanity
- ☐ dilemma
- ☐ accurately
- ☐ progress
- ☐ surgical
- ☐ preventive
- ☐ diagnose
- ☐ overdose

(n.) 安慰劑

placebo
[pləˋsibo]

✎ Some patients with anxiety have subjectively experienced an improvement in symptoms due to a placebo effect from inert sugar pills.

部分有焦慮症狀的患者，有因非活性糖錠的安慰劑 * 效果而主觀認定症狀獲得改善的經驗。

💬 If I drank decaffeinated coffee, thinking it was caffeinated, I'd probably feel more awake thanks to the placebo effect.

如果我把不含咖啡因的咖啡當成含咖啡因的咖啡喝下去，我可能會因為安慰劑效果而感覺變清醒。

* 安慰劑：為了讓患者獲得心理慰藉而提供的偽裝藥物。

★★★

(adj.) 主流的

mainstream
[ˋmen͵strim]

✎ Proponents of science-based or mainstream Western medicine object to alternative medicine mainly because they believe that it fails to use accepted scientific methods.

擁護基於科學的醫學或主流西醫的支持者，之所以反對替代醫療，主要是因為他們認為替代醫療未使用公認的科學方法。

💬 I think that the problem with alternative medicine, compared to the mainstream approaches, is that it has never been properly tested.

我認為替代醫學的問題在於與主流醫學相比，它未經過徹底驗證。

★★

(adj.) 美容的；整型的

cosmetic
[kɑzˋmɛtɪk]

✎ While some plastic surgery is only for cosmetic reasons, there are many other legitimate medical reasons for it as well.

儘管有些整型手術僅出於美容目的，但也有許多手術是出於正當的醫學目的。

💬 Personally, I think that cosmetic surgery gets a bad reputation. If it improves someone's confidence, I don't see a problem.

我個人認為整型手術受到過度負面的批判。如果它能提升某人的自信，我不認為這有什麼問題。

| ★★ | (n.) 實驗 |

experimentation
[ɪkˌspɛrəmɛnˈteʃən]

✐ Scientific **experimentation** is still the most effective way for researchers to improve their understanding of illness.
科學實驗對大部分研究者來說，依然是能增進他們對疾病的理解最有效的方法。

💬 In my opinion, it's really important that scientists carry out **experimentation** on new drugs to ensure they're safe for humans.
我個人認為，科學家對新藥進行實驗，以確認它們對人體是否安全是非常重要的。

| ★★★ | (n.) 好奇心 |

curiosity
[ˌkjʊrɪˈɑsətɪ]

✐ **Curiosity** about mysteries in the universe is one of the biggest motivators behind scientific research.
對宇宙之謎的好奇心，是其中科學研究背後最大的動機之一。

💬 I think it's amazing that fire was once an unexplained **curiosity**, but now, with science, we know what it is.
我覺得令人驚奇的是，火曾經只是一個無法解釋的好奇心，但因為科學，現在大家都知道火是什麼了。

高分表達！Collocations

arouse somebody's curiosity 引發某人的好奇心
scientific curiosity 科學的好奇心

| ★★★ | (adj.) 自動的、自動化的 |

automatic
[ˌɔtəˈmætɪk]

✐ New research into diabetes has led to technology that creates an **automatic** release of insulin.
糖尿病的新研究造就出自動釋放胰島素的技術。

💬 Personally, I believe that good health is never **automatic**; you need to work for it every day.
我個人認為健康並非自動發生的，而是需要你自己每天努力去爭取。

Day
19

(v.) 開處方

prescribe
[prɪˋskraɪb]

✍ Doctors are only allowed to **prescribe** medication to their patients once they have fully completed medical training.

醫生必須在完成所有的醫學訓練後，才能開藥物處方給患者。

💬 Sometimes it takes me so long to get a doctor's appointment that once they **prescribe** medication, I've gotten better anyway.

有時候預約醫院門診實在花了我太長的時間，所以只要醫生開藥給我，我無論如何會馬上好起來。

多學點再走！

prescribe somebody something 開某處方藥給某人。
somebody 之後接 something，不需介系詞。

★★★

(adj.) 製藥的、藥學的

pharmaceutical
[ˌfɑrməˋsjutɪkəl]

✍ Some argue that the **pharmaceutical** industry should be more heavily regulated to prevent important medication being sold at high prices.

有些人主張製藥業應該受到更嚴格的管制，以確保重要的藥品不會被高價出售。

💬 Personally, I'm worried that **pharmaceutical** companies have too much of an interest in making profit, rather than helping cure illness.

我擔心製藥公司太在乎如何獲利，而非治療疾病。

★

(n.) 胚胎

embryo
[ˋɛmbrɪˌo]

✍ It is immoral to play with the creation and destruction of human **embryos**.

拿人類胚胎的創造與毀滅來開玩笑是不道德的事。

💬 If I remember correctly, an **embryo** is the earliest development stage of fertilised eggs in humans and animals.

如果我記得沒錯的話，胚胎是人類或動物的受精卵最早的發育階段。

★★★	(v.) 治療

treat
[trit]

- ✎ Doctors do not have a comprehensive cure for the common cold, so they can only recommend ways to **treat** it.

  醫生還沒有能全面治療感冒的方法，因此他們只能建議治療方法而已。

- 💬 I have a chronic medical condition that will never go away, but at least I can **treat** it.

  我患有無法根治的慢性疾病，但至少我可以治療。

高分表達！Collocations

difficult to treat 難以治療的
treat for cancer 治療癌症
be treated with antibiotics 使用抗生素治療

★★★	(v.) 發明

invent
[ɪn`vɛnt]

- ✎ Researchers are continuously working to invent **cures** for the world's most prevalent and life-threatening illnesses.

  為了發明出能治療全球最流行的致命疾病的藥物，研究員們正持續努力中。

- 💬 As I understand it, there are some illnesses for which you can't invent a **cure**; you can only treat them.

  據我瞭解，有些疾病無法發明出治療方法，因此只能對它們做些處置。

★★	(v.) 複製

clone
[klon]

- ✎ The question of whether it is possible to **clone** humans has been raised several times.

  與人類複製的可能性相關的疑問，已經多次被提出。

- 💬 If farmers have the means to **clone** their livestock ethically, then I don't see a problem with it.

  如果農夫有方法能合乎倫理地複製家畜，那麼我覺得這件事並沒有問題。

Day
19

★★★

humanity

[hju`mænətɪ]

(n.) 人類

✐ It is undeniable that research in medical science has had a vastly positive impact on **humanity**.
不可否認，醫學研究為人類帶來了深遠的正面影響。

🗨 I believe that vaccinations are one of the great benefits to **humanity** offered by medicine.
我相信預防接種是醫學帶給人類最大的好處之一。

★★

dilemma

[daɪ`lɛmə]

[dɪ`lɛmə]

(n.) 困境、兩難

✐ Euthanasia for terminally-ill patients presents one of the most controversial ethical **dilemmas** for modern medicine.
絕症病患的安樂死，提出了現代醫學最具爭議的倫理困境之一。

🗨 I'd argue that doctors should be able to deal with moral **dilemmas** in medicine, not just physical health problems.
我認為醫生應該要能處理醫學上的道德困境，而不僅僅是處理身體健康問題。

高分表達！Collocations

be faced with a dilemma 面臨困境
a solution to a dilemma 解決困境的方法
a way out of a dilemma 脫離困境的方法

★★★

accurately

[`ækjərɪtlɪ]

(adv.) 準確地

✐ An important skill for doctors is to be able to **accurately** prescribe the correct form of medication for their patients.
醫生的一項重要技能，是能準確地為患者開出正確的藥物處方。

🗨 As I suffer from a rare medical condition, it took a while for the specialists to **accurately** diagnose me.
由於我患有罕見疾病，所以專家們花了不少時間才準確地對我做出診斷。

★★★	**(n.) 進展、進步**

progress
[`prɑgrɛs]

✐ In recent years, there has been significant **progress** in the development of lab-grown meat, which does not involve animal suffering.

近年來，在不造成動物痛苦的實驗室中，培養肉的開發取得了重大進展。

💬 I think that funding for scientific research is crucial to ensure we continue making **progress**.

為了確保我們能持續取得進展，我認為科學研究經費是至關重要的。

> **多學點再走！**
>
> progress 是不可數名詞，因此不能使用 a progress、progresses 等說法。

★★	**(adj.) 手術的**

surgical
[`sɝdʒɪkəl]

✐ The invention of anaesthesia was a crucial milestone in dramatically reducing fatality rates in **surgical** procedures.

麻醉的發明，是大大降低手術死亡率的關鍵里程碑。

💬 I've had a heart condition since I was young, so I need regular **surgical** check-ups from my doctor.

我從小就患有心臟病，所以需要定期地接受醫生手術檢查。

★★★	**(adj.) 預防的**

preventive
[prɪ`vɛntɪv]

✐ A healthy lifestyle, in terms of diet, exercise and sleep, is one of the most effective **preventive** measures against disease.

與飲食、運動和睡眠相關的健康生活型態，是最有效的疾病預防方法。

💬 As a **preventive** step to avoid heart disease, I really want to give up smoking as soon as possible.

作為防止心臟病的預防步驟，我真的想要儘快戒菸。

Day
19

| ★★★ | (v.) 診斷 |

diagnose
[`daɪəɡnoz]

✎ The ability to properly **diagnose** an illness is the necessary first step in finding a cure.
正確診斷疾病的能力,是找出治療法必要的第一步驟。

💬 I was so relieved when the doctor was finally able to **diagnose** and treat my skin condition.
當醫生終於能診斷並治療我的皮膚症狀時,我真的覺得如釋重負。

高分表達!**Collocations**

correctly diagnose 正確診斷
wrongly diagnose 錯誤診斷
be diagnosed with ~ 診斷為~(病症)

| ★ | (n.) 用藥過量 |

overdose
[`ovɚ,dos]

✎ Guidelines on the use of prescribed medication are needed in order to prevent **overdoses** in patients.
為防止患者用藥過量,處方藥的使用指南是必需的。

💬 I always make sure to read the instructions on medicine because I'm scared of side effects or an **overdose**.
我總會確保自己詳閱藥物說明,因為我擔心藥物的副作用或是用藥過量。

戰勝 IELTS 寫作 Task 2 段落範例

[1]**Humanity** has always been defined by its **curiosity** to discover the unknown and **invent** new tools. [2]As such, there is no doubt of the benefits from scientific and medical **progress** made in recent history. [3]Scientists are continuously **inventing** new ways to solve the world's problems, whether through **cloning** animals or creating revolutionary **cosmetic** treatments. [4]The scientific method is also an important way to counter people's **automatic**, ignorant assumptions about **mainstream** medicine being untrustworthy. [5]Medical research is constantly innovating new methods to **diagnose** and **treat** illness. [6]Doctors attempt to approach medicine in a **preventive** way– stopping illnesses before they fully develop–which is why **surgical** solutions are often seen as a last resort.

[7]**Experimentation** is the most important method for scientists to make new discoveries. [8]It is the central means by which science can aim more **accurately** towards the truth. [9]Without this method, biologists would not have been able to freeze human **embryos**, helping women with fertility problems. [10]Moreover, it is through this method that researchers can create new **pharmaceutical** products or establish how much medication patients should be **prescribed** to avoid an **overdose**.

¹ **人類**一向是由其**好奇心**所定義的,因好奇心而發現未知的事物,**發明**新的工具。² 因此,在近代歷史上,科學與醫學的**進步**所帶來的利益是不容置疑的。³ 科學家不間斷地**發明**新方法來解決世界上的問題,無論是**複製**動物,或是創造創新的**整型**治療法等。⁴ 科學方法也是用來駁斥人們認為**主流**醫學不可信,這種**無意識的**無知推測的重要方法。⁵ 醫學研究正在持續創新**診斷**及**治療**疾病的新方法。⁶ 醫生試圖從**預防的**觀點來處理醫學,也就是在疾病完全發展之前阻止它,這也是為什麼**手術**解決方案通常被視為最後手段的原因。

⁷ **實驗**是讓科學家找到新發現最重要的方法。⁸ 實驗是讓科學能**準確地**朝真理邁進的關鍵手段。⁹ 若沒有這種方法,生物學者便無法冷凍人類**胚胎**,從而幫助有生育問題的女性。¹⁰ 此外,研究人員之所以能製造出新**藥**品,或確定該**開多少藥**給患者才能避免**用藥過量**,都是靠實驗這種方法。

IELTS 7+ 高分進階單字

038 跟著音檔朗讀單字，學習完成在框中打 ✓

☐ **prevention is better than a cure** 預防勝於治療

☐ **substance abuse** 藥物濫用

☐ **regular medical check-ups** 定期健康檢查

☐ **vulnerable to illnesses** 容易生病的

☐ **dementia** 老人癡呆

☐ **geriatric diseases** 老人病

☐ **the immune system** 免疫系統

☐ **medical professionals** 專業醫療人員

☐ **health insurance** 健康保險

☐ **cholesterol-lowering drugs** 降膽固醇藥

☐ **public health** 公共衛生

☐ **medical costs** 醫療費

☐ **complications** 併發症

☐ **a side effect** 副作用

☐ **embryonic stem cell research** 胚胎幹細胞研究

☐ **scientific expertise** 科學專門知識

☐ **medicines such as birth control pills** 避孕藥等藥物

☐ **animal laboratory research** 動物實驗研究

☐ **inject pathogens into rats** 對老鼠注射病原菌

☐ **trial new medicine or treatments** 試用新藥或新療法

Communication
溝通

✓ **勾選出認識的單字，寫上中文意思。**

☐ interact

☐ subtlety

☐ intonation

☐ intention

☐ gesture

☐ explicit

☐ inattentive

☐ formulate

☐ misinterpret

☐ face-to-face

☐ impersonal

☐ concise

☐ facial expression

☐ vocal

☐ distraction

☐ convey

☐ poster

☐ confusion

☐ misunderstanding

☐ ambiguous

interact

[ˌɪntərˈækt]

(v.) 互動、交流

✎ Even if two people do not share the same language, they can still **interact** using non-verbal means.

即使兩個人並非使用相同的語言，仍然能透過語言之外的方式來溝通。

💬 I think people who have bigger vocabularies are better at **interacting** with others, because they can express themselves more accurately.

我認為具有豐富語彙能力的人會更擅長與他人交流，因為他們能更精準地表現自我。

★★

subtlety

[ˈsʌtəlti]

(n.) 細微的差別、微妙

✎ Attentive listeners are able to pick up far better on **subtleties** or smaller details in communication.

專注的聽眾確實更能掌握溝通過程中細微的差別或微小的細節。

💬 I think if you're not from Taiwan, it's difficult to pick up the **subtleties** between Mandarin and Taiwanese slang.

我認為如果不是台灣人，是很難察覺中文和台語俗語之間的微妙差異。

★★

intonation

[ˌɪntəˈneʃən]

(n.) 抑揚頓挫、語調

✎ A notable characteristic of the Australian accent is an upward **intonation** at the end of a sentence.

澳洲口音的顯著特徵是句尾的語調上揚。

💬 I would say that **intonation** in someone's voice is a good indication of their motives and emotions.

我認為一個人說話的語調能表明他的動機和情緒。

┌─ **多學點再走！** ─────────────
所謂的抑揚頓挫，指的是說話時聲音 (voice) 的上揚 (rise) 和下降 (fall)。
└────────────────────────

| ★★★ | (n.) 意圖 |

intention
[ɪn`tɛnʃən]

✍ Precise communication is difficult because meaning is frequently inferred beyond or aside from the speaker's **intention**.

準確的溝通很困難，因為語意經常超出說話者的意圖，或被推論為其他意思。

💬 I think being able to communicate clearly is such an important skill because **intentions** are often misinterpreted.

我認為能清楚溝通是相當重要的技巧，因為溝通時的意圖經常會被錯誤解讀。

高分表達！Collocations

have no intention of doing something 沒有做某事的意圖
make one's intention clear 明確表達某人的意圖

| ★★ | (n.) 姿勢、手勢 |

gesture
[`dʒɛstʃə]

✍ Linguists argue that, in addition to verbal communication, **gestures** and body language are also fundamental.

語言學家主張，除了語言上的溝通外，手勢和肢體語言也相當重要。

💬 I think I'm a bad liar because I always give away the truth through accidental **gestures**.

我不擅長說謊，因為我總是會因不經意的動作而被人識破真相。

高分表達！Collocations

an obscene gesture 無禮的手勢
make a gesture 擺姿勢

--- 多學點再走！ ---

gesture 手勢，近義詞有 motioning（手勢、動作）和 gesticulation（手勢、動作）。

Day
20

★★★	(adj.) 清楚的、明確的

explicit
[ɪkˋsplɪsɪt]

✐ When providing feedback or offering an opinion to someone, it is important to be **explicit** to avoid misinterpretation.

向別人提供反饋或提出意見時，清楚表達以避免誤會是很重要的。

💬 I think when communication involves an emotional or ethical aspect, it's really crucial to be **explicit** about your intentions.

在進行有關情感或道德方面的溝通時，我認為明確表達自己的意圖是至關重要的。

★	(adj.) 不注意的、疏忽的

inattentive
[ˌɪnəˋtɛntɪv]

✐ Proofreaders and translators cannot be **inattentive**, because they will lose the small details and nuances in written language.

校對人員和譯者不能有所疏忽，否則可能會漏掉字裡行間的小細節和細微差異。

💬 I think, with distractions like smartphones, it's easy to be **inattentive** when sending an email or writing an essay.

我認為智慧型手機等干擾因素，容易讓人在寄信或寫文章時分散注意力。

> **多學點再走！**
>
> inattentive 的近義詞有 not concentrating（無法集中的）和 distracted（散漫的），反義詞有 attentive（注意的）和 alert（機敏的）。

★★★	(v.)（慎重思考後）明確地敘述

formulate
[ˋfɔrmjʊˌlet]

✐ In any walk of life, the ability to **formulate** and deliver an opinion is a crucial skill.

在人生的任何時候，明確地敘述和表達意見的能力都是相當重要的技能。

💬 I think a lot of people have really interesting ideas but lack confidence in **formulating** them.

我認為有許多人都擁有相當有趣的構想，但是他們卻缺乏能明確表達的自信。

★★	(v.) 誤解

misinterpret
[ˌmɪsɪnˈtɝprɪt]

✍ When learning a new language, it is normal to have native speakers **misinterpret** the intended meaning.

在學習新語言的時候，想表達的意思被母語者誤解是正常的。

💬 Even when talking to people I've known all of my life, I find it hard not to be **misinterpreted**.

我發現即使是跟認識了一輩子的人對話，要讓自己說的話不被誤解還是很難。

★	(adj.) 面對面的、面對著的

face-to-face

✍ **Face-to-face** interaction is radically different when compared to communicating via email or even over the phone.

與透過電子郵件，甚至與透過電話溝通相比，面對面互動是全然不同的。

💬 It's a strange feeling when I finally meet someone **face-to-face** after previously only interacting through email.

當我終於跟之前只透過電子郵件互動過的人面對面時，感覺真是奇怪。

★★	(adj.) 沒人情味的、非人的

impersonal
[ɪmˈpɝsənəl]

✍ Important relationships cannot rely solely on online interaction, as it is too **impersonal** to maintain a communicative bond.

重要的關係不能光靠線上互動來維持，因為那樣保持溝通聯繫太沒人情味了。

💬 Some people think phone calls are too **impersonal**, but I think they're an effective means for quick communication.

有些人認為打電話缺乏人情味，但我認為它是能迅速溝通的有效管道。

高分表達！Collocations

impersonal atmosphere 冷淡的氣氛
impersonal nature 不近人情的天性

(adj.) 簡潔的、明瞭的

concise
[kən`saɪs]

✒ Successful communication is **concise**, avoiding too much description or elaboration when it is not needed.

成功的溝通是簡潔明瞭的，避免不必要的累贅描述或細節說明。

💬 In my experience, being **concise**, in both writing and speech, is a skill that takes time to practice.

就我個人的經驗，無論寫作或說話，要維持簡潔都是一項需要花時間練習的技能。

--- 多學點再走！ ---

concise 近義詞 brief（簡略的）和 succinct（簡單明瞭的），反義詞 repetitive（反覆的）和 vague（模糊的）。

★

(n.) 臉部表情

facial expression

✒ Rather than the content of someone's words, **facial expressions** are frequently a more reliable indicator of emotion.

比起一個人說話的內容，其臉部表情通常是更值得信賴的情緒指標。

💬 I'm not very good at playing poker because I always give away my intentions through **facial expressions**.

我實在不擅長玩撲克牌，因為我的意圖總是會透過臉部表情被人識破。

★

(adj.) 發聲的、直言不諱的

vocal
[`vokəl]

✒ When someone is extremely **vocal** with their opinion, they are sometimes compensating for a lack of knowledge about the topic.

當有人極度強烈地主張個人意見時，有時候他們可能是為了掩飾自己對該話題的知識不足。

💬 I believe that it's important to be **vocal** about an issue when you feel passionate about it.

我認為當你對某個議題懷抱熱情時，為它發聲是非常重要的。

| ★★★ | (n.) 分散注意的事物；干擾 |

distraction
[dɪˋstrækʃən]

✎ Having an important conversation in a busy public place can be difficult due to external **distractions**.

在人來人往的公共場所進行重要的談話，可能會因外界的干擾因素而難以進行。

💬 In school, I found it hard to take instructions from the teacher because there were so many **distractions**.

我發現在學校的干擾因素太多，讓我很難專心聽老師上課講解。

| ★★★ | (v.) 傳達（想法、感情） |

convey
[kənˋve]

✎ The key to **conveying** meaning in a clear, responsible manner lies in choosing words carefully and selectively.

以明確且負責的方式傳達意思的祕訣，在於慎重且選擇性地篩選單字。

💬 I wish I paid more attention in English class at school, because nowadays I find it hard to **convey** myself clearly.

我真希望以前有更專心地上學校英文課，因為最近我發現自己很難用英文明確地表達自己。

| ★ | (n.) 海報 |

poster
[ˋpostɚ]

✎ **Posters** often involve direct, forceful communication, as they are used to advertise products or display propaganda.

由於海報是作廣告商品或宣傳展示之用，因此通常包含直接且強而有力的表達。

💬 I think people who work in advertising, designing **posters** for example, need to have great communication skills.

我認為從事海報設計等廣告工作的人，需要具備出色的溝通技巧。

Day
20

★★★

(n.) 混淆、混亂

confusion
[kənˋfjuʒən]

✍ Linguists agree that **confusion** and errors are unavoidable consequences of humans trying to make themselves understood.

語言學家認為，混淆與錯誤是人類試圖讓自己理解某樣事物時不可避免的結果。

💬 I didn't learn any Mandarin before going to Beijing, so I created **confusion** every day trying to make myself understood.

我在去北京之前沒學過中文，因此我當時每天都為了讓自己能用中文被理解而徒增混亂。

高分表達！ Collocations

cause confusion 引起混亂
confusion arises 產生混亂
to avoid confusion 為了避免混亂
a state of confusion 混亂的狀態

★★★

(n.) 誤解、誤會

misunderstanding
[ˌmɪsʌndɚˋstandɪŋ]

✍ Patience and careful listening are necessary in order to clarify any **misunderstandings** that occur in social interaction.

為了弄清楚在社交互動中可能發生的誤解，耐心及傾聽是絕對必要的。

💬 If someone doesn't speak the same language as me, I try to speak slowly to avoid any potential **misunderstanding**.

假如有人跟我說不同的語言，我會盡量說慢一點，以避免任何可能的誤會。

高分表達！ Collocations

a misunderstanding arises 產生誤會
a cultural misunderstanding 文化誤解
room/scope for misunderstanding 誤解的可能

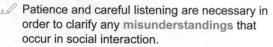

| ★★ | (adj.) 曖昧模糊的、模擬兩可的 |

ambiguous
[æm`bɪgjʊəs]

✐ Philosophers and creative writers sometimes deliberately play with the **ambiguous** nature of language.

哲學家和創意作家，有時會故意拿語言曖昧模糊的本質來作文章。

💬 I think that if someone communicates in an **ambiguous** way, it probably means they're not sure what they want.

如果有人用含糊不清的方式來溝通，我認為那也許意味著他們自己也不知道自己想表達的是什麼。

Day
20

戰勝 IELTS 寫作 Task 2 段落範例

[1]A complex system of written and spoken language is what distinguishes humans from animals. [2]We are able to **convey** a **concise** range of emotions and ideas. [3]Most people **interact** with others on a **face-to-face** level on a daily basis.

[4]However, there is always an **ambiguous** element to communication involving **confusion** or **misunderstanding** about **intentions**. [5]It can often be difficult to **formulate** thoughts into words, or **vocal** expressions. [6]Sometimes, an unintended **intonation** can be interpreted as rude or patronising.

[7]Moreover, not all communication is verbal. [8]**Gestures** and body language play a significant role. [9]There are **subtleties** in someone's **facial expression** that can be **misinterpreted**. [10]The lesson, then, is to make sure communication is as **explicit** and empathic as possible. [11]Furthermore, art and other visual forms can be used to communicate in the form of poetry, **posters**, and photography, for example.

[12]In addition, it is also important to develop good listening skills so that communication does not become **impersonal**. [13]**Inattentive** listeners tend to forget details and are drawn to **distraction** too easily when someone is talking or trying to express themselves.

¹ 用來區別人類與動物的，是書面語和口語的複雜系統。² 我們能**傳達**各種**簡明扼要的**情感與想法。³ 大部分的人都是透過**面對面交流**與他人溝通。

⁴ 然而，溝通中總是存在**含糊不清的**因素，伴隨著對溝通**意圖**的**混淆**或**誤解**。⁵ 要將想法用文字或**聲音**的方式**明確地表達**出來可能很難。⁶ 有時候，不經意的**語調**也可能被解讀為無禮或傲慢。

⁷ 另外，並非所有的溝通都是用語言進行的。⁸ **手勢**和肢體語言都起著重要的作用。⁹ 人的**臉部表情**有些**微妙之處**，可能會導致**誤解**。¹⁰ 因此，在這裡我們學到的教訓，是要確保溝通盡可能**清楚**並能引起共鳴。¹¹ 此外，藝術和其他視覺形式也能用來進行交流，例如詩歌、**海報**、照片等。

¹² 另外，培養良好的傾聽技巧也很重要，這樣溝通才不會變得**沒有人情味**。¹³ **不注意的**聽眾在別人講話或試圖表達自己時，往往忘記細節，且注意力容易被其他**干擾因素**分散。

Day
20

IELTS 7+ 高分進階單字

🎧 040 **跟著音檔朗讀單字，學習完成在框中打 ✓**

- ☐ **methods of communicating** 溝通方式
- ☐ **face-to-face communication** 面對面溝通
- ☐ **read between the lines** 看懂字裡行間的意思、察覺弦外之音
- ☐ **cultural differences** 文化差異
- ☐ **leave out superfluous words** 刪去不必要的詞彙
- ☐ **constructive feedback** 有建設性的回饋
- ☐ **sender and receiver** 發送者（説話者）與接收者（聽眾）
- ☐ **the tone of our voice** 聲音語調
- ☐ **active listening** 積極傾聽
- ☐ **passive listening** 被動傾聽
- ☐ **social interaction** 社交互動
- ☐ **communication across great distances** 遠距離聯絡
- ☐ **a means of communication** 溝通方式
- ☐ **communication breakdowns** 溝通中斷
- ☐ **positive non-verbal cues** 明確的非語言暗示
- ☐ **convey information** 傳達訊息
- ☐ **two-way communication** 雙向溝通
- ☐ **clarification** 説明、澄清
- ☐ **communication tools** 溝通工具
- ☐ **lack of self-confidence** 缺乏自信

索引 Index

D

E

Memo

EZ TALK

IELTS VOCA 雅思高頻字彙 2000：
首創 LR+SW 分科單字，30 天雅思 Band 7 ！

(QR Code 英國真人發音)

作　　者：黃俊映、SIWONSCHOOL 語學研究所
譯　　者：趙苑曲、謝宜倫
責任編輯：許宇昇
校　　對：許宇昇、鄭莉璇
封面設計：謝志誠
內頁設計：蕭彥伶
內頁排版：張靜怡
行銷企劃：陳品萱

發 行 人：洪祺祥
副總經理：洪偉傑
副總編輯：曹仲堯
法律顧問：建大法律事務所
財務顧問：高威會計事務所

出　　版：日月文化出版股份有限公司
製　　作：EZ 叢書館
地　　址：臺北市信義路三段 151 號 8 樓
電　　話：(02) 2708-5509
傳　　真：(02) 2708-6157
網　　址：www.heliopolis.com.tw
郵撥帳號：19716071 日月文化出版股份有限公司

總 經 銷：聯合發行股份有限公司
電　　話：(02) 2917-8022
傳　　真：(02) 2915-7212
印　　刷：中原造像股份有限公司
初　　版：2021 年 5 月
初 版 3 刷：2022 年 12 月
定　　價：599 元
ＩＳＢＮ：978-986-248-956-7

IELTS VOCA 雅思高頻字彙 2000：首創 LR+SW 分科單字，30 天雅思 Band 7！/ 黃俊映、SIWONSCHOOL 語學研究所作；趙苑曲、謝宜倫譯 . -- 初版 . -- 臺北市：日月文化 , 2021.05
000 面；14.7×21 公分（EZ Talk）
ISBN 978-986-248-956-7（平裝）
1. 國際英語語文測試系統　2. 詞彙
805.189　　　　　　　　　110003376

빅아이엘츠 기출 보카 IELTS VOCA
Copyright © 2019 by Hwang Jun Young & SIWONSCHOOL LANGUAGE LAB
All rights reserved.
Traditional Chinese copyright © 2021 by HELIOPOLIS CULTURE GROUP
This Traditional Chinese edition is published by arrangement with Siwonschool
through Agency Liang.